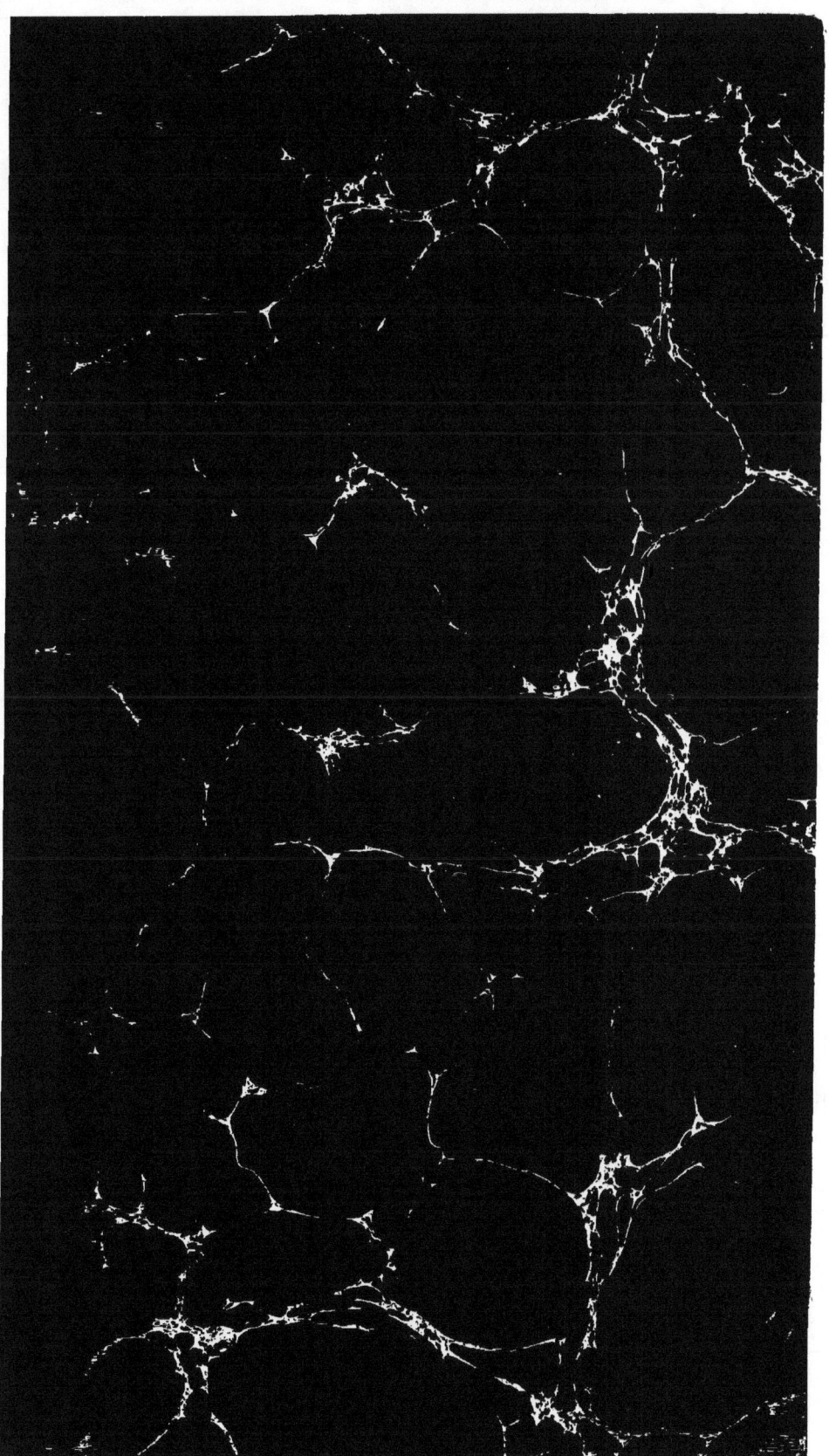

ABBEVILLE

PENDANT L'INVASION

19 Juillet 1870 — 5 Juin 1871

PAR

M. Ferdinand MALLET

MEMBRE TITULAIRE DE LA SOCIÉTÉ D'ÉMULATION D'ABBEVILLE

ABBEVILLE

C. PAILLART, IMPRIMEUR-ÉDITEUR

1902

ABBEVILLE

PENDANT L'INVASION

ABBEVILLE

PENDANT L'INVASION

19 Juillet 1870 — 5 Juin 1871

PAR

M. Ferdinand MALLET

MEMBRE TITULAIRE DE LA SOCIÉTÉ D'ÉMULATION D'ABBEVILLE

ABBEVILLE

C. PAILLART, IMPRIMEUR-ÉDITEUR

1902

Le 13 juillet 1870, le roi Guillaume venait, pour donner satisfaction à la France, d'approuver la renonciation par le prince de Hohenzollern à sa candidature au trône d'Espagne. Les généraux de Moltke et de Roon dînaient chez M. de Bismarck. Tous trois regrettaient de voir prendre une tournure de plus en plus pacifique aux négociations qui avaient lieu à Ems, où se trouvait le monarque prussien. Au milieu du repas, on remit à Bismarck une dépêche du cabinet du roi, ne laissant pressentir ni complication ni mobilisation de l'armée. M. de Bismarck la lut à ses convives ; plus tard il raconta ainsi ce qui se passa alors : « Roon et Moltke, d'un même mouvement, laissèrent tomber leur couteau et leur fourchette, nous étions consternés, nous avions tous trois la pensée que l'affaire s'arrangerait. Je dis à de Moltke : — Notre armée est-elle réellement assez forte pour que nous puissions faire la guerre, en comptant, avec la plus grande probabilité, sur le succès ? Il me répondit affirmativement. Roon, en qui j'avais, il est vrai, moins de confiance, me dit la même chose. — Eh bien, alors continuez tranquillement à manger, leur dis-je. Je m'assis à une table ronde en marbre qui était à côté de celle où l'on mangeait ; je relus attentivement la dépêche, je pris mon crayon, et je rayais délibérément tout le passage où il était dit que Benedetti avait demandé au roi une nouvelle audience. Je ne laissais subsister que la tête et la queue. Maintenant la dépêche *avait un tout autre air ;* je la lus à Moltke et à Roon, dans la seconde rédaction que je lui avais donnée ; ils s'écrièrent tous deux : « Magnifique, cela produira son effet. » Nous continuâmes à manger, avec le meilleur appétit. La suite des choses, vous la connaissez. »

Ainsi, ces trois grands personnages prussiens étaient ravis, ou consternés, selon que la guerre leur paraissait probable ou non. Pendant le repas, Bismarck donnait l'ordre de faire paraître la dépêche, ainsi mutilée, dans les journaux du soir, avec recommandation de pousser à la guerre ; de plus, il l'adressait par le télégraphe à plusieurs agents diplomatiques de la Prusse, avec mission d'en donner communication aux cabinets des puissances auprès desquelles ils étaient accrédités ; il pensait que leurs collègues français en seraient rapidement instruits, et que le coup serait d'autant plus sensible à Paris, qu'il y parviendrait par l'intermédiaire des gouvernements étrangers. M. de Bismarck ne s'était pas trompé. Le 15 juillet, le roi Guillaume, qui voyait dans la dépêche un manquement à sa personne, par l'ambassadeur français, donnait l'ordre de mobiliser l'armée, et, le même jour, les ministres de Napoléon III, en présence de l'injure faite à la France, apportaient aux Chambres la déclaration de guerre qui fut notifiée à la Prusse le 19 juillet.

Ainsi, c'est par un acte de déloyauté, accompli avec une insigne perfidie, c'est en falsifiant le texte d'un télégramme, que le comte de Bismarck réussit à faire éclater la guerre entre la France et la Prusse. Un pareil acte, commis par un particulier dans son intérêt privé, aurait été vivement blâmé et aurait même pu lui attirer de dures représailles. La mauvaise action de Bismarck produisit les plus funestes conséquences : elle amena la guerre avec son cortège de carnage, de dévastation et de ruines.

Et pourtant, le chancelier prussien s'est vanté, avec un cynisme impudent, de cet acte criminel ; il s'en est glorifié comme d'un de ses plus hauts faits, et les Allemands, ne considérant que les résultats acquis, ont exalté le génie de leur « grand homme d'Etat. »

On ne conteste plus maintenant que la guerre de 1870 ait été préparée, longtemps à l'avance, par la Prusse, et qu'elle soit due à la duplicité de son chancelier qui, du reste, en 1863, avec le Danemarck, et en 1866, avec l'Autriche, avait agi avec la même déloyauté. Dans ces trois circonstances, les Prussiens ont été les véritables agresseurs. Pendant longtemps, on a pu croire que l'empereur Napoléon III était l'auteur de cette guerre, mais c'était une erreur qu'il est juste de signaler, tout en constatant que la responsabilité qu'il a encourue est cependant assez lourde. En effet, il a commis la faute impardonnable de ne pas suffisamment préparer la France à une lutte qui, depuis 1866, était devenue inévitable. Sans doute, on peut dire à sa décharge que les députés qui formaient l'opposition au Corps législatif l'en ont empêché. Cela atténue sa faute, mais ne la fait pas disparaître entièrement. Il était le détenteur du pouvoir : il devait tout faire pour nous mettre en état de résister à nos ambitieux voisins.

C'est à un point de vue restreint et purement local que nous allons nous occuper de cette guerre désastreuse, qui, il y a trente-deux ans, a amené le démembrement de la France, et a profondément modifié l'assiette politique de l'Europe. Mais, avant d'aborder la tâche parfois difficile, souvent pénible, que nous nous sommes imposée, nous tenons à constater qu'il est impossible de suivre nos vaillants et malheureux soldats sur les nombreux champs de bataille où ils ont lutté, sans éprouver une réelle fierté pour l'héroïsme et l'endurance qu'ils ont partout montrés. Et quand on songe à l'effort immense qu'a fait le pays pour conserver son honneur, aux énormes ressources qu'il s'est procurées, alors qu'une partie de son territoire était envahie, à l'énergie de sa résistance, et aux souffrances que tous, vieux et jeunes, riches et pauvres, ont si noblement supportées, on est rempli d'admiration et l'on sent grandir encore l'amour de la Patrie.

ABBEVILLE

PENDANT L'INVASION

19 Juillet 1870 — 5 Juin 1871

CHAPITRE PREMIER

De la déclaration de guerre à la chute de l'Empire
19 juillet — 4 septembre 1870

Lorsque la déclaration de guerre fut connue, les habitants d'Abbeville comprirent parfaitement qu'une lutte très sérieuse s'engageait. On songeait à la guerre de 1866, dans laquelle les Prussiens avaient battu les Autrichiens, mais on se rappelait aussi les guerres de Crimée et d'Italie, où nous avions vaincu la Russie et l'Autriche, et on espérait bien que nos soldats seraient victorieux. Cet espoir n'empêchait pas qu'une grande appréhension mêlée d'angoisse n'envahît les cœurs. Il n'y avait en général, chez nos concitoyens, ni exaltation, ni surexcitation, mais plutôt le calme, commandé par la gravité des circonstances.

Dès le 21 juillet, le 8ᵉ régiment de dragons, qui était en garnison à Abbeville, partait pour nos frontières de l'Est, où l'on concentrait nos troupes. Il avait été décidé que les gardes nationaux et les sapeurs pompiers prendraient les armes pour accompagner les dragons jusqu'à la gare ; dans l'ordre du jour qu'il leur adressa le 20 juillet, M. de Poilly, commandant par intérim de la garde nationale, s'exprimait ainsi : « Le sang a monté au visage de chaque citoyen en apprenant que la Prusse nous avait insultés. Partout, la sympathie patriotique des habitants a accompagné à leur départ les vaillantes légions, qui allaient venger l'insulte faite à nos trois couleurs. Le vieux sang picard ne sera pas en retard, et demain nous accompagnerons à leur départ nos chers dragons. » Le jour de son départ, le 8e dragons, dans son parcours à travers les rues Saint-Gilles, Saint-Vulfran et Saint-Jean-des-Prés, fut escorté par les gardes nationaux et les pompiers, avec musique et drapeau, et par un grand nombre d'habitants. Pendant l'embarquement des dragons, la musique jouait la *Marseillaise*.

La population témoignait une sincère sympathie pour les soldats qui couraient gaiement à la frontière, et qui paraissaient calmes et résolus, et, dans la foule qui assistait à leur départ, quelques rares cris de : « Vive l'armée ! à Berlin ! » se faisaient entendre.

Ce départ laissait Abbeville sans troupes ; la garde nationale, seule, désormais, représentait l'élément militaire ; elle était composée de six compagnies de cent hommes environ ; son commandant provisoire était M. de Poilly, le plus ancien des capitaines. Il était rempli de bonne volonté, mais il n'avait pas l'autorité ni le prestige que donne la science militaire.

Le 20 juillet, une foule immense de parents et d'amis assistait au départ des réservistes de l'arrondissement.

Un décret appelle sous les armes les 90,000 hommes formant le contingent de la classe de 1869.

L'Empereur lance une proclamation qui se termine ainsi : « Un grand peuple qui défend une cause juste est invincible. »

Le ministre de l'Intérieur et des Cultes, M. Emile Ollivier, adresse une circulaire aux évêques pour les inviter à ordonner des prières publiques, afin de demander à Dieu de bénir nos armes.

Le préfet de la Somme écrit aux maires pour les engager à faire appel à tous les cœurs charitables, afin de provoquer des dons en faveur de nos blessés. Un journal local, *l'Abbevillois*, a déjà ouvert une souscription publique dans ce but.

Le représentant du gouvernement à Abbeville était M. Henry Manessier, sous-préfet, qui occupait ce poste depuis 1848, et qui, enfant du pays, avait naturellement rencontré dans sa ville natale, pendant sa longue administration, beaucoup de jaloux et de détracteurs, mais dont l'impartiale histoire doit dire que c'était un administrateur habile, et qu'il représentait le pouvoir avec beaucoup de dignité.

Le maire d'Abbeville était M. Belin, ancien avoué, avocat, rompu aux affaires, mais n'ayant pas une grande autorité sur son conseil municipal. Il n'avait pas d'adjoints.

Le 2 août, on recevait la nouvelle de la prise de Sarrebruck par les Français; tous les cœurs étaient remplis d'espoir. Mais, le 6 août, on apprenait la défaite et la mort du général Abel Douay devant Wissembourg, tombé au pouvoir de l'ennemi, et, le lendemain, parvenaient des dépêches annonçant la défaite de Mac-Mahon à Frœschwillers, et de Frossart à Forbach ; il serait difficile de dépeindre la stupeur de nos concitoyens en apprenant ces premiers revers. Ceux qui l'ont vue peuvent témoigner de la douleur patriotique des Abbevillois. La population était vivement émue. Sur les points où étaient affichées les dépêches officielles, c'est-à-dire à la sous-préfecture, au Bourdois, et au grand cercle abbevillois sur la place Saint-Pierre, stationnaient des groupes nombreux. Chacune de ces dépêches suscitait, en même temps qu'une douloureuse anxiété, un vif mouvement de patriotisme, et, plus d'une fois, dans ces groupes, on entendit retentir ces mots : « Des armes, des armes ! »

Le sol de la patrie était envahi par l'armée allemande, beaucoup plus nombreuse que la nôtre ; il n'y avait plus d'illusions à se faire, c'était une guerre purement défensive que nous allions avoir à soutenir, et il devenait urgent de secourir les blessés, de pourvoir à des dépenses importantes et d'organiser la défense.

Le 10 août, le ministère Ollivier était remplacé par le cabinet Palikao.

Le gouvernement prenait des mesures énergiques pour assurer la défense nationale. Dès le 7 août, un décret portait que tous les citoyens valides de trente à quarante ans, qui ne faisaient pas encore partie de la garde nationale sédentaire, y seraient incorporés. Trois jours plus tard, une loi décidait que tous les citoyens célibataires ou veufs sans enfant, de vingt-cinq à trente-cinq ans, ne figurant pas sur les contrôles de la garde mobile, étaient appelés sous les drapeaux pendant la durée de la guerre ; et, le 18 août, le maire d'Abbeville informait par voie d'affiches les anciens militaires de vingt-cinq à trente-cinq ans, non mariés ou veufs sans enfant, « qu'ils devaient se rendre immédiatement à Amiens, chez le commandant de recrutement, chargé de statuer sur chacun d'eux. » Ces diverses mesures reçurent leur exécution à Abbeville, sans susciter le moindre incident.

Le nouveau ministre de l'Intérieur, M. Henri Chevreau, lance une circulaire faisant appel au dévouement patriotique des populations et les engageant à former des compagnies de gardes nationaux volontaires ou de francs-tireurs.

Les formalités relatives aux engagements volontaires sont simplifiées. Les maires peuvent les recevoir sur un simple certificat de moralité.

Les préfets sont chargés d'urgence d'organiser les gardes mobiles.

Par acclamation, le Corps législatif décide que l'armée a bien mérité de la Patrie.

L'état de siège est déclaré dans les départements de la 3e division militaire dont Abbeville fait partie.

Le gouvernement décrète que la loi sur le remplacement militaire n'est pas applicable à la classe de 1870. Le tirage au sort de cette classe avait d'abord été fixé, pour Abbeville, au 17 août, mais il est remis au 15 septembre. Les conscrits devront, sans désemparer, tirer au sort, puis subir l'examen du conseil de revision. Le contingent de cette classe est élevé de 90,000 à 140,000 hommes. Le ministre de l'Instruction publique décide que les lycées et collèges seront transformés en ambulances.

Les autorités organisent des ambulances. L'évêque d'Amiens, qui est venu présider la distribution des prix à Saint-Stanislas, met les locaux de cet établissement à la disposition de la ville pour y recevoir les blessés. Les francs-maçons offrent vingt-cinq lits. Le directeur du théâtre adresse au maire 228 francs, produit d'une représentation et d'une collecte faite au théâtre au bénéfice des soldats de l'armée du Rhin. De tous côtés, de nombreuses initiatives organisent des souscriptions pour les soldats blessés. Les uns offrent de les recevoir chez eux, les autres mettent des lits à la disposition de l'autorité militaire. Les enfants de nos écoles abandonnent en leur faveur les fonds que l'on devait employer à l'achat de livres de prix. L'administration municipale et la commission administrative des hospices s'occupent en commun d'organiser un service d'ambulance à Saint-Stanislas où il y a place pour cent cinquante lits de soldats et dix chambres d'officiers. La municipalité demande des objets de literie à nos concitoyens qui répondent généreusement à cet appel.

Une quête faite par des dames de la ville pour les

secours aux blessés militaires produit en quelques jours 3,652 francs et 400 kilos de linge qui sont envoyés aux bureaux de l'Œuvre à Paris. De son côté, le directeur de *l'Abbevillois* envoie à la même société 35 kilos de linge et 5,000 francs, prélevés sur les souscriptions recueillies dans ses bureaux.

Après le départ de la garnison pour l'armée du Rhin, on sentit le besoin de développer l'instruction militaire des gardes nationaux, et il fut décidé qu'ils prendraient les armes, les lundi et samedi de chaque semaine, afin de faire l'exercice et de s'habituer au tir, et nous devons dire que, pendant toute la période qui s'écoula entre la déclaration de guerre et l'armistice, nos gardes nationaux ont toujours volontiers accompli leur devoir, non seulement en faisant l'exercice, mais aussi en prenant la garde et en courant aux portes et aux remparts lorsque l'approche de l'ennemi était signalée.

Le gouvernement promulgue une loi qui décide que les gardes nationales sédentaires seront réorganisées.

Le 12 août, 1,200 gardes mobiles de l'arrondissement arrivaient à Abbeville et montraient une bonne volonté et un entrain qui réconfortaient un peu. Ces mobiles vont deux fois par jour s'exercer au Champ de Mars.

Le maire fait publier un avis portant que toutes les personnes pouvant fournir un lit complet pour le logement des gardes mobiles sont invitées à se faire inscrire dans les quarante-huit heures à l'hôtel-de-ville.

En trois jours, du 13 au 16 août, la mairie reçoit cinquante-cinq engagements volontaires pour l'armée.

Le préfet de la Somme autorise l'organisation, dans le canton de Saint-Valery-sur-Somme, d'un corps de volontaires.

Deux prêtres de l'arrondissement, M. l'abbé Fréville, d'Abbeville, et M. l'abbé Colombier, de Vron, sont, sur leur demande, admis comme aumôniers, le premier dans la flotte et le second dans l'armée de terre.

Le gouvernement prend une série de mesures applicables à toute la France et qui, bien entendu, ont leur répercussion à Abbeville.

L'ouverture de la chasse est ajournée.

Une circulaire ministérielle recommande d'affecter au soulagement des soldats blessés les fonds destinés à célébrer, le 15 août, la fête de l'Empereur.

Une loi décide que les officiers ministériels pourront, s'ils sont appelés sous les drapeaux, se faire suppléer pour la durée de la guerre.

Une souscription est ouverte pour un emprunt de 750 millions, en rentes 3 %, émises à 60 fr. 60, et il est couvert dès le premier jour.

Il est à peine besoin de dire que les affaires étaient dans le marasme, pour des raisons multiples, dont les principales provenaient du départ pour l'armée de nombreux citoyens, de la gêne qui atteignait un grand nombre de personnes, du manque de numéraire et de la crainte des ennemis. Aussi, dès le 10 août, la Chambre de commerce s'était réunie afin d'aviser aux moyens de donner aux industriels la possibilité de continuer à faire travailler leurs ouvriers. Tous les banquiers d'Abbeville assistaient à cette réunion.

Une loi décide que les billets de la banque de France seront reçus, comme monnaie légale, par les caisses publiques et par les particuliers. De plus, la banque de France est autorisée à émettre des coupures de 25 francs.

Les délais accordés pour protester les effets de commerce sont, aux termes d'une loi, prorogés d'un mois.

Le gouvernement prohibe sur la frontière de terre, de Dunkerque à Lens-le-Bourg, et sur le littoral, de Saint-Valery à Dunkerque, la sortie et le transit des bestiaux de toute sorte, des viandes, des farineux alimentaires, du son et des fourrages.

Dans la soirée du 15 août, le clairon sonne dans les rues d'Abbeville pour annoncer que les pompiers âgés de moins de quarante ans sont demandés à Paris. Pendant la nuit, les gendarmes vont porter le même appel aux pompiers des campagnes. L'inquiétude est grande, chacun se demande si une émeute ou un incendie a éclaté dans la capitale, et, comme il arrive souvent en pareil cas, ce sont les suppositions les plus pessimistes qui, seules, trouvent créance. Une foule énorme et consternée parcourt les rues les plus fréquentées, allant en rangs pressés, de la sous-préfecture au grand cercle abbevillois, qui avait organisé un service télégraphique avec l'agence Havas, demandant des nouvelles et accueillant, avec la crédulité ordinaire des masses, les bruits les plus sinistres et les versions les plus contradictoires. Nos pompiers répondent à l'appel qui leur est adressé; mais, le 16 août, dans la matinée, contre-ordre est donné et il ne part que quelques volontaires d'Abbeville et des campagnes, qui, arrivés à Paris, ne rendent aucun service et reviennent sans même avoir appris pourquoi on les demandait.

On était sans nouvelles précises du théâtre de la guerre. Le bruit courait que de sanglantes batailles avaient eu lieu sous les murs de Metz. On avait cru d'abord que Bazaine avait été victorieux à Borny et à Gravelotte. On était inquiet, mais l'on espérait toujours. Cependant, le temps marchait et l'on n'avait pas de nouvelles certaines de Bazaine, ce qui faisait craindre qu'il n'eût été refoulé et enfermé dans Metz.

Le 19 août, 127 soldats de l'armée du Rhin, blessés pour la plupart dans les batailles de Borny et de Gravelotte, arrivent à Abbeville. Malgré leurs blessures et les fatigues d'un si long voyage, ils ne paraissent nullement démoralisés; ils se montrent touchés de l'accueil qui leur est fait et des sympathies qu'on leur témoigne. La foule, qui s'est portée à leur rencontre, aux abords de la gare, se découvre sur leur passage et les accompagne jusqu'aux trois ambulances, de l'Hôtel-Dieu, de Saint-Stanislas et de la Parfaite Harmonie, où des infirmiers improvisés s'empressent autour d'eux. Le 27 août, on apprenait que l'armée prussienne marchait sur Paris. Ce fut la cause d'une véritable panique ; certains habitants ne parlaient de rien moins que de quitter Abbeville. On disait que le conseil municipal prenait des mesures pour mettre la ville à l'abri d'un coup de main. Cette nouvelle à peine connue, on en a auguré que l'on renonçait à se défendre, et le vieil orgueil d'habitants d'une place forte s'est réveillé. — Pourquoi, disent les uns, ne pas se défendre ? — Pourquoi, disent les autres, ne pas rétablir nos portes à peine démolies ? Ceux-ci veulent l'établissement immédiat de ponts-levis, ceux-là demandent que toutes les routes soient coupées et que tous les fossés qui entourent la ville soient inondés. Les esprits sérieux que n'influencent pas trop les mauvaises nouvelles, se disent : Sans doute, il peut se faire que quelques uhlans essaient de venir rançonner les habitants d'Abbeville ; à ces maraudeurs, il faut résister à tout prix, et, dans ce but, il importe de ne rien négliger. Mais de là à vouloir résister à un corps d'armée, il y a loin. Quelle défense sérieuse peut organiser, quel siège peut soutenir une ville sans troupes, encaissée entre deux chaînes de coteaux élevés qui la dominent complètement ? Bien que nos remparts soient encore debout, bien que nos portes puissent être promptement rétablies, vouloir lutter contre une armée qui viendrait nous assiéger avec de l'artillerie, ce serait, malgré la bravoure des habitants, courir à une défaite certaine, ce serait exposer Abbeville à avoir le sort des villes de guerre prises de vive force.

Voici ce qui se passait à l'hôtel-de-ville, et qui donnait naissance aux bruits relatifs à la défense de la ville.

Un nouveau conseil municipal avait été élu les 6-7 et 13-14 août ; il se composait de : MM. Courbet-Poulard, Calluaud, Vayson, Monchaux, de Caïeu, Frémaux, Acoulon, Cardon, Sauvage, Dubus, Cayeux, de Monnecove, de Valanglart, Jules Deray, Ernest Riquier, Hénocque,

François, Bellettre, Belin, Boizard, Magnier, Watel, Emile Delignières, Coulombel, Bertrand, Briet-Lévêque et de Poilly; les membres de ce conseil se réunissent le 25 août, sous la présidence de M. Belin, maire, qui est toujours sans adjoints; les 27 nouveaux élus sont présents; chacun d'eux jure obéissance à la Constitution et fidélité à l'Empereur, puis le maire informe le conseil que la session du mois d'août est ajournée. Mais, dès le lendemain, 21 conseillers adressaient au maire une lettre demandant la réunion du conseil afin d'aviser aux mesures à prendre pour assurer la défense de la ville. Une pétition, rédigée dans le même sens, et couverte de nombreuses signatures, était remise à l'administration municipale, et, le 27 août, le conseil se réunissait de nouveau. Après une assez longue discussion, sept de ses membres, qui sont : MM. Calluaud, Courbet-Poulard, de Caïeu, de Poilly, Frémaux, Sauvage et Vayson, sont désignés pour former une commission qui est chargée de proposer un projet de défense de la ville, et cette commission, qui délibère sans perdre de temps, propose à l'unanimité les mesures suivantes :

1° L'enceinte de la ville sera fermée, et les faubourgs seront barricadés.

2° La garde nationale se portera au secours des faubourgs, menacés par les coureurs ennemis et les maraudeurs.

3° Il sera organisé un service de police armée.

4° Le maire insistera de nouveau pour obtenir la délivrance immédiate des fusils, cartouches et munitions nécessaires à la défense de la ville.

5° Il fera exercer la police la plus minutieuse pour la recherche des gens sans aveu et des individus pouvant troubler l'ordre et la sécurité publique.

6° Un premier crédit de 6,000 francs est ouvert pour l'exécution de ces diverses mesures.

Le conseil qui, d'urgence, se réunit de nouveau, adopte

ces diverses propositions, et décide que les membres de la commission seront adjoints au maire pour assurer l'exécution des mesures prises ou à prendre.

Sur une question de M. Cardon, qui habite le faubourg Rouvroy, M. Calluaud, président de la commission, déclare que les faubourgs seront défendus dans la mesure du possible par des palissades ou des barricades.

Par sa situation, qui commande le cours de la Somme, Abbeville a toujours eu une certaine importance stratégique (1). M. Louandre (2) nous apprend que, vers la première année du XIIe siècle, son enceinte avait été reculée et que bientôt après et pour la troisième fois, on l'avait élargie ; au XIVe siècle, elle avait une enceinte de murailles continue, crénelée et défendue par des tours rondes, engagées dans les murs. Un large fossé, rempli d'eau, en défendait l'approche. Chaque porte, flanquée de grosses tours et surmontée de mâchicoulis et de guérites munies de cloches pour sonner l'alarme, formait comme une forteresse particulière. Des ouvrages avancés en terre ou en bois, désignés sous le nom de chasteliers, bastilles, manteaux, bailles, barbacanes, etc., complétaient, avec les ponts-levis et les barrières, le système de défense. Un chemin de ronde régnait à l'intérieur, autour des murs ; on barrait la Somme avec de grosses chaînes. Les ponts construits sur la ligne de l'enceinte étaient flanqués de tours, et les arches de ces ponts fermées avec des herses ; il y avait en outre, à l'entrée des principales rues, des chaînes que l'on tendait, dans les temps d'alarme, et qui, en cas de siège, pouvaient servir de barricades (3).

(1) L'annaliste Waignart écrivait au commencement du XVIIe siècle : « Abbeville a esté de tous temps appelée la citadelle de la Picardie, pour estre sur l'embouchure de la mer. »
(2) *Histoire d'Abbeville*, t. II, p. 216.
(3) Pour construire ces divers ouvrages, on avait recours à des réquisitions d'hommes, chevaux et voitures dans un rayon de quatre à cinq lieues.

En 1585, le maréchal de Retz avait fait élever la courtine dite du Mail, ainsi qu'un éperon placé en avant de cette courtine.

Louis XIII, voulant compléter le système de défense d'Abbeville, fit abattre en 1636 un certain nombre de maisons se trouvant près des portes Saint-Gilles et du Bois. Sur leur emplacement, on construisit des contrescarpes, des demi-lunes et des glacis ; en même temps, on acheva les bastions de Saint-Paul, de Longueville et de Rambures commencés sous Henri IV, ainsi que ceux du Château et de Marcadé. C'est également du temps de Louis XIII que dataient les demi-lunes des noyers qui couvraient la porte du Bois. Vauban vint visiter Abbeville et trouva que la place était importante, mais que son enceinte était très faible et en mauvais état ; il indiqua certaines mesures à prendre pour améliorer les fortifications, mais on doute que ces mesures aient jamais été prises. Depuis cette visite, on avait fait de temps à autre quelques travaux ; on avait aussi fait des changements qui avaient amoindri plutôt qu'augmenté les fortifications. Ainsi, la porte Saint-Gilles avait été démolie en partie; on avait supprimé les ponts-levis, qui existaient aux différentes portes de la ville ; des demi-lunes avaient été éventrées, des contre-gardes minées ; d'une longueur de 6 kilomètres, l'enceinte n'avait plus que 3,400 mètres environ d'escarpe revêtue, le reste n'était défendu que par des ouvrages en terre en mauvais état, et protégé par des bras de la Somme, que la gelée pouvait transformer en pont naturel, facile à franchir.

Enfin, Abbeville avait été déclassée comme place de guerre par un décret impérial du 26 juin 1867. Toutefois, elle n'avait pas été démantelée et une grande partie de ses fortifications existaient encore. De la porte Saint-Gilles à la porte Marcadé, les fortifications étaient en assez bon état ; l'eau de la Somme pouvait être amenée facilement dans les fossés en avant des glacis. Les rivières du Scardon, de Novion et de Sautine pouvaient également être utilisées ; il était donc facile de mettre Abbeville à l'abri d'un coup de main.

Assise sur les bords de la Somme, Abbeville est entièrement dominée par les hauteurs qui l'environnent : au nord, c'est le coteau appelé la Justice, à 1,000 mètres à peine des remparts ; à l'est, le plateau élevé où se trouve le moulin Quignon, célèbre depuis les découvertes géologiques du savant abbevillois Boucher de Perthes, plateau qui s'élève insensiblement dans la direction de Saint-Riquier et d'Ailly-le-Haut-Clocher. Au sud, de l'autre côté de la Somme et de la vallée, les monts Caubert, situés à environ 2,000 mètres, qui constituent une position formidable. Des canons placés sur ces diverses hauteurs peuvent écraser Abbeville sans qu'il soit possible de leur répondre utilement.

Il faut reconnaître que les mesures prises par le conseil municipal, au point de vue de la défense de la ville et des faubourgs, étaient bien insuffisantes. Mais le danger était loin d'être imminent. L'ennemi était encore dans les plaines de la Champagne et ces mesures pouvaient même paraître prématurées.

Les journaux nous apportent une proclamation du roi de Prusse, disant qu'il fait la guerre à Napoléon et non au Peuple Français.

Un électeur écrit aux journaux d'Abbeville pour demander que l'on nomme enfin deux adjoints au maire, qui, vu la gravité des circonstances, peut, malgré tout son zèle, se trouver insuffisant.

Les journaux publient un avis aux termes duquel tous les jeunes gens, quel que soit leur numéro au tirage au sort, sont appelés sous les drapeaux, immédiatement après les opérations du conseil de revision. Cet avis porte que le tirage au sort qui a lieu en ce moment a pour but de constater les bons numéros, dont le bénéfice sera acquis, après la guerre, à ceux qui les auront obtenus ;

aussitôt la guerre terminée, les bons numéros seront exonérés de droit du service militaire.

A la date du 30 août, la garnison se compose seulement de 330 gardes mobiles; on établit de nouveaux postes de garde aux entrées de la ville et à la porte de l'hôtel-de-ville; ils seront occupés par la garde nationale. Le colonel Boucher, commandant des mobiles, met ses hommes à la disposition de la municipalité, et on convient qu'ils monteront la garde à leur tour.

On s'occupe de la formation d'une garde nationale à cheval destinée à repousser les éclaireurs ennemis et à faire la chasse aux maraudeurs. L'engagement n'a lieu que pour la durée de la guerre. Les officiers doivent être élus par les gardes nationaux.

Dans les premiers jours de septembre, les habitants d'Abbeville étaient dans la plus grande incertitude sur le sort de l'armée que commandait le maréchal de Mac-Mahon avec laquelle se trouvait l'Empereur et qui, croyait-on, se dirigeait sur Metz pour débloquer Bazaine. Dans la journée du 4 septembre, des rumeurs vagues commencèrent à se répandre; on disait que Mac-Mahon avait été battu, et qu'il était tué, que l'Empereur était prisonnier. Ce n'était encore que des bruits, mais malheureusement, à part la mort de Mac-Mahon, ils n'étaient que trop exacts. Le 2 septembre, l'armée française et l'Empereur avaient été faits prisonniers à Sedan. Le lendemain, le ministère de l'Intérieur avait reçu une dépêche ainsi conçue : « L'armée est défaite et captive, moi-même je suis prisonnier. NAPOLÉON. » Dans la soirée du 4 septembre, des nouvelles, certaines cette fois, parvenaient à Abbeville, annonçant le désastre de Sedan. Beaucoup se refusaient encore à y croire, et persistaient à espérer un meilleur sort pour notre pays. Mais les nouvelles arrivèrent rapidement, et, aux dépêches confirmant la captivité de l'Empereur et de l'armée, succédèrent d'autres dépêches, annonçant la déchéance de l'Empire, la proclamation de la République, et la constitution d'un gouvernement de défense nationale, ayant à sa tête le général Trochu, qui, le matin, avait juré à l'impératrice régente de la défendre, et qui, le soir, était le chef du gouvernement insurrectionnel. C'était une révolution, et une révolution faite en pleine guerre, alors que déjà une partie de notre territoire était occupée par l'ennemi. Beaucoup de nos concitoyens considéraient, abstraction faite de toute opinion politique, que cette révolution qui, comme l'a écrit le général fédéral Lecomte, « outrageait à la fois le bon sens et le patriotisme », éclatant dans de semblables circonstances, était une catastrophe aussi déplorable pour la France que celle de Sedan.

Les démagogues, les révolutionnaires et un certain nombre de politiciens saluèrent, notamment à Paris, leur victoire par de bruyants excès. Le commandant Rousset, dans sa belle *Histoire de la guerre franco-allemande*, tome II, page 51, s'exprime ainsi à leur sujet : « Ils ne songeaient pas que la révolution faite ainsi, devant l'étranger, ne pouvait qu'aggraver une situation déjà singulièrement précaire ; ils ne comprenaient pas que le renversement du seul pouvoir reconnu par l'Europe allait complètement isoler la France, et lui aliéner le peu de sympathies qu'elle pouvait conserver encore ; non, ils avaient jeté à terre leur vainqueur d'hier, cela suffisait à leur patriotisme et Jules Favre ne craignait point d'écrire que « Paris ne fut jamais plus joyeux. » « L'une des conséquences les plus immédiates, et aussi les plus fâcheuses de la révolution du 4 septembre, ajoute le commandant Rousset, avait été la perturbation subitement apportée à la constitution des forces, qui étaient appelées à remplacer notre armée de première ligne anéantie ; l'autorité administrative était chargée par la loi militaire de 1868 d'organiser la garde mobile ; l'hécatombe de préfets qui suivit le changement de régime produisit un véritable désarroi dans la mobilisation de cette garde. »

Voici le texte du télégramme officiel qui apprenait aux Abbevillois l'avènement de la République : « Paris, le 4 septembre, six heures du soir. La déchéance a été proclamée au Corps législatif ; la République a été proclamée à l'hôtel-de-ville ; un gouvernement de défense nationale, composé de onze membres, tous députés de Paris, a été constitué, et ratifié par l'acclamation populaire. Les noms sont : Emmanuel Arago, Crémieux, Jules Favre, Jules Ferry, Garnier-Pagès, Glais-Bizoin, Pelletan, Picard, Rochefort, Jules Simon ; le général Trochu est à la fois maintenu dans ses pouvoirs de gouverneur de Paris et nommé ministre de la guerre. Le ministre de l'Intérieur, Léon Gambetta. »

Dès le 5 septembre, M. Jules Lardière, manufacturier à Corbie, était nommé préfet de la Somme en remplacement de M. de Guigné, et le docteur Tételin, de Lille, était nommé préfet du Nord.

CHAPITRE II

De la chute de l'Empire à la reddition de Metz
4 septembre — 28 octobre

La dernière circulaire du préfet de la Somme, M. de Guigné, reçue à la mairie le 5 septembre, et datée du 4, contenait notamment ces recommandations : « Dès que l'approche de l'ennemi se fera pressentir, vous vous hâterez de former des patrouilles et de placer des hommes en vedette, soit sur les routes, soit dans les clochers des églises ; si des cavaliers sont aperçus, vous appellerez au son du tocsin les forces publiques (gardes nationaux et pompiers), et vous préviendrez les compagnies de votre voisinage, de même que les brigades de gendarmerie, et les postes des mobiles établis à proximité. Vous m'avertirez. Opposez à l'ennemi la ferme intention de faire respecter l'honneur de notre département ; et que la Patrie trouve en vous, comme toujours, ses énergiques et dévoués défenseurs. » Il est juste de remarquer qu'à Abbeville, on avait déjà pris des mesures conformes à l'esprit de ces instructions.

Il est formé 84 nouveaux régiments provisoires d'infanterie de la garde mobile ; l'un d'eux, qui devient le 52ᵉ régiment, est composé de trois des bataillons de la Somme et est commandé par M. Boucher, ancien capitaine adjudant-major au 89ᵉ de ligne, commandant du bataillon de mobiles d'Abbeville, qui est promu lieutenant-colonel. Cet officier supérieur, en retraite, habitait Monsboubert, son pays natal ; il n'avait pas hésité à reprendre du service ; il a fait bravement son devoir pendant toute la durée de la guerre, et n'a cessé d'entourer les hommes sous ses ordres, parmi lesquels étaient les mobiles abbevillois, de la plus grande sollicitude.

Le 5 septembre, 1,500 mobiles, formant le 3e bataillon de la Marne, sous les ordres du commandant du Breuil, ancien lieutenant de hussards, débarquent du chemin de fer à onze heures du soir, et vont, pour la plupart, coucher au cirque, au magasin à fourrages et à la halle aux denrées. Ils sont armés du fusil à tabatière et portent pour uniforme des blouses et des pantalons de toile écrue, agrémentés de rouge, des guêtres blanches, avec le képi, le ceinturon, et la cartouchière vernie. Après avoir couché quelques nuits à la caserne, ils logent chez les habitants, et doivent changer de logement tous les cinq jours. Leur attitude n'était pas toujours parfaite, mais on était bienveillant pour eux, en raison de leur inexpérience, et des dangers auxquels ils allaient être exposés. Depuis le départ des dragons, la ville n'avait, en dehors de nos mobiles, que quelques hommes de garnison. L'arrivée de ces nouvelles troupes lui donne un aspect plus militaire, qu'elle conservera jusqu'à la fin de la guerre.

Le colonel Boucher et ses mobiles partent pour Paris, le 8 septembre, à sept heures du soir.

Trois officiers, enfants d'Abbeville, ont été faits prisonniers à Sedan, ce sont MM. Douville de Fransu, Armand de Mython et Paul Nicolle. Le premier, qui était officier d'ordonnance du général de Failly, qu'on avait dit tué, n'a fort heureusement pas même été blessé.

Les ennemis continuent leur marche sur Paris ; aussi divers arrêtés sont pris pour ordonner l'incendie des bois des environs de la capitale, qui pourraient nuire à la défense ; à partir du 15 septembre, nul ne pourra plus sortir de Paris ni y entrer sans un permis de circulation délivré par le ministre de l'Intérieur. En présence de l'imminence de l'investissement de Paris, le gouvernement décide que M. Crémieux, ministre de la Justice, sera son délégué en province, qu'il représentera le gouvernement et en exercera les pouvoirs, que chaque département ministériel sera représenté auprès de lui, par un délégué, et que cette délégation aura son siège à Tours.

Toutes les mesures qui étaient prises indiquaient la gravité des circonstances, et n'étaient pas sans inquiéter la population ; aussi, quelques personnes, des femmes notamment, quittent Abbeville par crainte de l'approche de l'ennemi.

On voit passer dans les rues d'Abbeville un cultivateur des environs de Soissons, transportant mobilier, grains et bestiaux chez un parent ou ami, dans le Marquenterre ; l'impression produite est des plus tristes.

M. Alfred Delattre, d'Erondelle, adresse dans les journaux d'Abbeville un énergique et éloquent appel aux chasseurs de l'arrondissement, qu'il invite à s'inscrire comme francs-tireurs.

Un certain nombre d'officiers de la garde nationale avaient donné leur démission dans une lettre collective, par laquelle ils demandaient « à retremper leur autorité dans le suffrage universel » ; un arrêté municipal décide que des élections auront lieu pour la nomination de tous les officiers de la garde nationale et des pompiers, et que l'on élira dans chaque compagnie : un capitaine, deux lieutenants, deux sous-lieutenants, un sergent-major, un sergent-fourrier, six sergents, douze caporaux et cinq délégués devant ultérieurement concourir à l'élection du chef de bataillon et du porte-drapeau. Ces élections eurent lieu les 11 et 12 septembre. Voici les noms des officiers élus : 1re compagnie : capitaine, Méressart-Gavois ; lieutenants, Greux, Durand ; sous-lieutenants, Dupuis, Hecquet-Bacquet. — 2e compagnie : capitaine, Edouard de Caïeu ; lieutenants, Boizard, Dufourny-Sangnier ; sous-lieutenants, Lesueur-Petit, C. Paillart. — 3ᵉ compagnie : capitaine, Fumay; lieutenants, Lévèque, du Gard; sous-lieutenants, Legris, Berger. — 4ᵉ compagnie : capitaine, Desprez; lieutenants, Retaux, Chivot-Coulombel ; sous-lieutenants, Hurel, Crépin. — 5ᵉ compagnie : capitaine, de Monnecove ; lieutenants, Tondellier, Farcy ; sous-lieutenants, Dufour-Riquier, Maressal. — 6ᵉ compagnie : capitaine, de Poilly; lieutenants, Dingeon, Guignault ; sous-lieutenants, Richard, Picardot. — Compagnie des sapeurs-pompiers : capitaine, Dufourny-Vasseur ; lieutenant, Richard-Lottin ; sous-lieutenants, de Valanglart, Bertrand. Le capitaine-rapporteur près le Conseil de discipline de la garde nationale était F. Mallet, et le lieutenant-secrétaire était J. Maillet. Quelques jours plus tard étaient élus : chef de bataillon, de Touchet, ancien capitaine de gendarmerie, et lieutenant porte drapeau, Bernard-Parenty.

Immédiatement après son élection, M. de Touchet adressait aux gardes nationaux un ordre du jour vibrant de patriotisme, dans lequel il s'exprimait ainsi : « La Patrie en danger nous appelle ; unissons-nous pour sa défense, et qu'un seul et même esprit, celui du dévouement, nous anime dans ces douloureuses circonstances ; chargés plus particulièrement de sauvegarder l'antique honneur de notre cité, repoussons énergiquement ces hordes de pillards affamés qui marchent avec l'ennemi, et dont l'audace fait l'unique force. Ouvrons nos portes alors seulement que la résistance deviendrait une ténacité inutile, et si, nous aussi, nous devons subir cette humiliation, réservons nos forces dans l'espoir d'une prochaine et éclatante revanche. Un jour, peut-être, il nous faudra nous éloigner momentanément de nos foyers ; que ceux d'entre vous qui ne pourront suivre, retenus par l'âge ou d'autres motifs impérieux, assurent bien leurs amis, leurs enfants que, pendant que les absents feront bravement leur devoir, ils sauront, de leur côté, maintenir l'ordre dans notre bonne ville, et assurer la sécurité de leurs familles contre toutes les tentatives de désordre et d'anarchie. »

Un jeune docteur en droit, M. Fruneau, avait été envoyé à Abbeville comme sous-préfet, en remplacement de M. Henry Manessier. A peine arrivé, il informait le public qu'il recevrait les 16 et 18 septembre les autorités civiles, militaires et religieuses, ainsi que les chefs de corps et de service d'Abbeville et de l'arrondissement. Mais ce sous-préfet, qui n'a fait que passer à Abbeville, était remplacé, dès le 17 septembre, par un Abbevillois, M. Henry Gavelle, manufacturier.

M. Belin avait cru devoir donner sa démission de maire d'Abbeville. Dès le 16 septembre, d'office peut-on dire, puisqu'on ne l'avait pas consulté, M. Calluaud fut désigné pour lui succéder. Lorsque cette nomination lui fut communiquée, notre honorable concitoyen déclara qu'il ne pourrait accepter qu'après avoir expliqué la situation aux conseillers municipaux, ses collègues, et après avoir fait ratifier par eux le choix de l'administration. En présence de cette déclaration, le préfet, à la date du 17 septembre, nommait M. Calluaud délégué provisoire à l'administration de la ville, et M. Calluaud acceptait. Le même jour, le conseil municipal se réunissait pour l'installer et votait des remerciements à M. Belin pour les soins donnés par lui aux intérêts de la ville. De plus, répondant à une invitation contenue dans une circulaire préfectorale, le conseil municipal déclarait donner son adhésion au nouveau gouvernement.

Afin de retarder la marche des Prussiens, le 14 septembre, on coupe les ponts de Creil et de Pontoise, sur le chemin de fer du Nord. Le service direct d'Amiens à Paris cesse d'exister. Quelques jours plus tard, ce service est rétabli entre Amiens et Creil. Les nouvelles de Paris deviennent de plus en plus rares. Le 16 septembre, on ne recevait plus à Abbeville qu'un seul journal, *l'Officiel*.

Aux termes d'nu décret du garde des Sceaux, les étrangers appartenant aux puissances avec lesquelles nous sommes en guerre, non autorisés à établir leur domicile en France, ont un délai de trois jours pour quitter la France. Nous croyons qu'aucun habitant d'Abbeville n'a été touché par ce décret.

On se préoccupe assez vivement des conséquences d'un arrêté ministériel décidant que toutes les exemptions qui ont été accordées pour la garde mobile seront revisées par un conseil composé de trois membres choisis par le préfet. Le conseil de revision, qui doit statuer sur le sort des jeunes gens de l'arrondissement, se réunira à Abbeville le 26 septembre.

Une revue de la garde nationale a lieu le 22 septembre sur la place Saint-Pierre. M. Calluaud, faisant fonctions de maire, fait reconnaître au bataillon sous les armes le nouveau commandant, M. de Touchet, et celui-ci proclame les noms des officiers élus.

Quelques dragons qui étaient restés ici partent pour Amiens.

Le ministre de l'Intérieur donne l'ordre aux maires d'inscrire sur des contrôles préparés à cet effet tous les citoyens, de vingt et un à soixante ans, susceptibles de faire partie de la garde nationale, puis d'appeler tous les inscrits à élire leurs officiers, sous-officiers et caporaux, de manière à constituer les cadres de la garde nationale de chaque commune, et enfin, d'accord avec les officiers élus, de préparer les éléments des compagnies détachées pouvant être appelées à faire un service de corps mobilisés, pour seconder l'armée de première ligne, et susceptibles d'être mises à la disposition du ministre de la guerre. Ces mesures, dans leur ensemble, étaient sages, mais elles avaient le grave défaut de faire nommer les officiers à l'élection. Nos paisibles concitoyens ne paraissaient pas trop s'effrayer de la possibilité d'être mis un jour à la disposition du ministre de la guerre.

Le Comité de défense nommé par le conseil municipal

ne restait pas inactif ; immédiatement après sa constitution, il avait fait une étude approfondie de chacun des ouvrages composant la défense de la ville, et avait dressé un état des travaux à exécuter, avec indication du chiffre de la dépense à faire ; le 5 septembre, le conseil municipal avait approuvé ce projet, qui comprenait :

Mur crénelé avec fossé à la porte Saint-Gilles.		1.100 fr.
—	à la porte du Bois.....	1.400
—	à la porte Marcadé....	1.400
—	à la porte d'Hocquet...	1.200
—	au chemin de fer......	1.500
—	à la Portelette.........	1.500
Fossés et parapets de défense des chemins entre le pont des Prés et la Somme........		1.000
Coupure du chemin de Hallage en aval du port.		200
Dépenses imprévues		700
De plus, on prévoyait l'achat de 100 tuniques et 100 képis pour la garde nationale........		6.000
Et la solde de 20 hommes de police armés....		4.000
Ensemble..............		20.000 fr.

Comme le conseil municipal n'avait voté que 6,000 fr., c'était pour la ville une dépense supplémentaire de 14,000 francs.

On se mit à l'œuvre immédiatement ; les agents des ponts et chaussées prêtèrent leur concours et les travaux projetés furent exécutés rapidement.

Il est incontestable que le Comité de défense était animé des meilleures intentions et faisait tout ce qu'il pouvait, dans la limite des ressources assez restreintes dont il disposait, pour sauvegarder les intérêts de la ville ; néanmoins, il était l'objet de critiques assez vives, et, dans la séance du conseil municipal du 10 septembre, on lui reprocha d'avoir outrepassé ses pouvoirs en essayant notamment de retenir un bataillon de mobiles pour protéger la ville, et on alla jusqu'à demander sa suppression ;

mais un vote au scrutin secret eut lieu, auquel ne prirent part ni le maire ni les membres du Comité, et cette proposition fut repoussée par 14 voix contre 4.

Sur ces entrefaites, le général Fririon, qui commandait la 3ᵉ division militaire à Lille, envoyait des instructions qu'il importe de relater, parce qu'elles indiquent les mesures que devaient prendre à cette époque les habitants des localités exposées aux attaques de l'ennemi. Voici la circulaire qui contenait ces instructions : « Dans les circonstances graves où nous nous trouvons, le général de division commandant l'état de siège rappelle que toutes les places fortes, quel que soit leur état d'armement, doivent, dans le cas où elles seraient attaquées, se défendre jusqu'à la dernière extrémité et leur dernier biscuit ; tous les commandants de place doivent rester sourds à des propositions de capitulation et faire arrêter, pour être traduite devant un conseil de guerre, toute personne qui conseillerait un pareil acte de faiblesse. Le général de division sait qu'il peut compter sur l'énergie, la vigueur et l'esprit patriotique des populations. Le général de division rappelle encore à MM. les Commandants de place que leur autorité, quant aux dispositions à prendre pour l'abatage des arbres, la démolition des habitations dans la zone de défense, les inondations générales, etc., ne commence que lorsque la ville est investie, ou sur le point de l'être. Jusque-là, l'autorité supérieure seule a le droit de prescrire des mesures extrêmes lorsqu'elle en sent la nécessité. Dans les villes ouvertes et dans les communes rurales, où la défense est presque impossible, les habitants devront faire le vide sur les pas de l'ennemi, enfouir, cacher ou déposer dans les places fortes voisines toutes les denrées alimentaires qui pourraient devenir la proie de l'ennemi. Enfin, les habitants des campagnes devront pour ainsi dire être les sentinelles vigilantes qui préviendront de l'approche de l'ennemi ; ils auront de plus à exercer leur surveillance sur les maraudeurs, ces ennemis d'un autre genre, qui profitent des malheurs publics pour dévaster les propriétés et rançonner les habitants ; il faut leur courir sus et les arrêter pour les traduire devant les conseils de guerre. Que tous les Français, unis dans l'unique but de sauver la Patrie, oublient leurs dissensions ; il n'y a plus de partis politiques devant le danger. Qu'ils soient tous frères pour résister à l'ennemi et le chasser de notre territoire. »

Abbeville, étant une ville ouverte, ne devait, aux termes de cette circulaire, que résister aux maraudeurs. Nous venons de voir qu'on avait pris les mesures nécessaires pour le faire utilement.

Un décret du 16 septembre décide qu'il sera procédé dans toutes les communes de France à une nouvelle élection des conseils municipaux, mais ce décret est rapporté la veille des élections, qui avaient été fixées au 25 septembre.

Un autre décret, qui avait ordonné des élections pour nommer des représentants à une assemblée constituante, est aussi rapporté, à la veille de ces élections, qui devaient avoir lieu le 2 octobre.

Le préfet, M. Lardière, qui avait posé sa candidature à l'assemblée constituante, avait donné sa démission de préfet pour se conformer au décret du 15 septembre relatif aux élections, et il s'était donné lui-même un successeur en la personne de son chef de cabinet, qu'il avait nommé administrateur provisoire du département; mais, quelques jours plus tard, lorsque le gouvernement eut décidé l'ajournement des élections, M. Lardière déclara qu'il reprenait tout à la fois et sa démission et ses fonctions de préfet.

Le nouveau sous-préfet, M. Gavelle, annonce sa nomination aux habitants par une proclamation dans laquelle il réclame le concours de tous, sans acception de parti, pour maintenir l'ordre et pour contribuer énergiquement à la défense du pays.

Le 24 septembre, une dépêche arrive ; on la dit importante. Elle l'est en effet, car elle rend compte d'une entrevue que Jules Favre, ministre des affaires étrangères du gouvernement français, vient d'avoir avec le comte de Bismarck afin d'essayer de conclure la paix ou au moins un armistice. La délégation de Tours résume ainsi les mauvaises dispositions du chancelier prussien : « La Prusse veut continuer la guerre et réduire la France à l'état de puissance de second ordre. La Prusse veut l'Alsace et la Lorraine, jusqu'à Metz, pour consentir l'armistice. On a osé demander la reddition de Strasbourg, de Toul et du Mont Valérien. »

Depuis quelque temps, on remarque dans la rue Saint-Gilles des groupes d'ouvriers qui s'agitent, et qui appartiennent, pour la plupart, aux corderies de Rouvroy.

Les mobiles de la Marne donnent au théâtre une représentation au profit des pauvres. Tous les artistes sont pris parmi eux.

Le 20 septembre, le préfet adresse à tous les maires une circulaire les invitant à réunir les conseils municipaux, afin de prendre les décisions les plus efficaces pour adoucir le sort des ouvriers sans travail.

Un négociant de Saint-Vast, nommé Paul Michel, vient le 26 septembre à Abbeville avec un chariot, et il achète 8,000 kilos de sel ; au moment où il se dispose à quitter la ville, le bruit se répand que le sel acheté doit être livré aux Prussiens. Ce bruit prend une telle consistance que la police doit intervenir. M. Michel est provisoirement arrêté ; on se renseigne, lui-même fournit des explications, et, lorsqu'on a pu s'assurer qu'il ne destine pas son sel aux Prussiens, on le laisse partir. Ce fait et bien d'autres analogues indiquent quel était l'état des esprits à Abbeville, — on était inquiet, agité, soupçonneux, et porté à voir partout des traîtres, des ennemis et des espions.

A partir du 22 septembre, le service des postes se trouve suspendu.

Les gardes mobiles de la Marne quittent Abbeville le 25 septembre à sept heures du matin ; ils sont dirigés sur Saint-Just ; leur uniforme est un peu amélioré, ils ont maintenant une tunique, un pantalon gris à bande rouge et un képi de drap. Ces jeunes gens ont laissé un bon souvenir à Abbeville ; ils ont, eux aussi, conservé une bonne impression de leur séjour dans nos murs. En effet, dans une brochure que l'un d'eux a fait paraître en 1871 chez V. Geoffroy et Cie à Reims, sous ce titre : *Le 3e bataillon des Mobiles de la Marne*, par un mobile du 101e régiment de marche (Somme et Marne), dont l'existence nous a été révélée par notre sympathique collègue, M. le commandant de Brécourt, on lit ceci : « Nos trois semaines de séjour dans cette charmante petite ville, dont chacun de nous gardera le meilleur souvenir, firent revenir assez vite les Abbevillois de leur première impression ; jusqu'au 25 septembre, nous y demeurâmes, choyés par la population entière, chacun de nous y trouva une famille et des amis dont nous avions tant besoin. »

Les mobiles de la Marne sont remplacés par un bataillon de mobiles du Gard, comprenant 23 officiers et 1,335 soldats, sous les ordres du chef de bataillon Doucet.

Le 26 septembre, le Conseil général de la Somme se réunit pour délibérer sur une demande du préfet qui désire être autorisé à prendre des fonds sur l'impôt départemental pour faire face aux besoins de la défense et de la protection du département contre les forces ennemies. Deux jours plus tard, le Conseil général décide que 1,395,000 francs seront employés à payer la solde, la nourriture et l'équipement de trois mille volontaires du département, et que 300,000 francs seront payés à l'Etat, à titre d'avance, pour l'entretien des gardes nationaux sédentaires, qui pourront être mobilisés. Il émet en outre les vœux suivants : appel immédiat de la classe de 1870, des célibataires de vingt-cinq à trente-cinq ans, et des exonérés de la garde mobile, sursis d'appel pour les hommes mariés, convocation d'une assemblée constituante, et élection par les conseils municipaux, dans le plus bref délai, des maires et adjoints ; le 4 octobre, le gouvernement approuve cette délibération.

Le capitaine J.-B. Frère est nommé chef du 1er bataillon des mobiles de la Somme en remplacement du commandant Boucher.

Strasbourg vient de capituler, et l'invasion devient de plus en plus menaçante ; aussi les mesures prises en vue de la défense se succèdent rapidement.

Le 27 septembre, le chef de bataillon de Touchet rappelait aux citoyens inscrits sur les contrôles de la garde nationale que, s'ils avaient des motifs d'exemption à faire valoir, ils devaient les soumettre, avec pièces justificatives à l'appui, au conseil de recensement d'abord, et ensuite au jury de revision ; il ajoutait que toute demande ou réclamation devait être transmise hiérarchiquement au commandant du bataillon ; que les exercices étant obligatoires, deux appels devaient être faits à chaque exercice, l'un au commencement et l'autre à la fin, et que des permissions ne pourraient être accordées que pour des motifs valables. Afin de réprimer les manquements aux exercices et aux prises d'armes, le conseil de discipline se réunissait une fois par semaine.

Le 28 septembre, le préfet fixe les jour, lieu et heure de réunion du conseil de revision, appelé à examiner les hommes de vingt-cinq à trente-cinq ans, faisant partie de la levée extraordinaire.

Le lendemain, le gouvernement de la Défense nationale décrète que tous les hommes valides, de vingt à quarante ans, non mariés ou veufs sans enfant, sont mobilisés, et que les préfets devront organiser immédiatement en compagnies les gardes nationaux mobilisés.

De son côté, le préfet informe que, par suite du grand nombre d'enrôlements de volontaires qui se sont produits, et pour faciliter l'organisation, il ne sera pas reçu de nouveaux engagements du 29 septembre au 4 octobre.

Le 27 septembre, une réunion du conseil municipal avait lieu, et M. Calluaud exposait à ses collègues que, lorsqu'il avait accepté la situation de délégué, les électeurs étaient convoqués pour élire un nouveau conseil qui devait nommer un maire et des adjoints ; que l'ajournement des élections avait pour résultat de le maintenir comme délégué à la tête du conseil ; qu'il ne désirait conserver cette fonction que si ses collègues y consentaient, et que, sur cette question, un vote était nécessaire. Par 23 voix contre 1, les conseillers municipaux, dans un vote au scrutin secret, avaient exprimé le désir de conserver M. Calluaud à leur tête. Puis, le conseil avait nommé quatre commissions : la première était chargée de s'occuper des questions relatives au prix du pain et de la viande ; la deuxième devait examiner les moyens d'occuper les ouvriers sans travail ; la troisième recevait la mission de dresser une liste des maisons qui seraient assujetties au logement militaire, et la quatrième devait chercher les moyens de parer aux inconvénients résultant de la pénurie du numéraire.

Un registre est ouvert à la mairie pour y inscrire les ouvriers sans travail. Leurs noms sont transmis aux membres du bureau de bienfaisance qui accordent des secours aux plus nécessiteux.

M. le comte de Riencourt, dont la générosité est bien connue, et qui depuis a rendu tant de services à la tête de l'Œuvre des pensions militaires, écrit au délégué de l'administration municipale que, désireux de se rendre utile à la défense nationale et aux intérêts du pays de sa famille, il fait un don de 6,000 francs à employer par portions égales : 1° à l'armement des gardes nationaux mobilisés ; 2° en secours aux familles des gardes nationaux mobilisés appelés sous les drapeaux ; 3° et en travail à fournir aux ouvriers d'Abbeville.

Le docteur Tételin, qui était déjà préfet du Nord, est nommé commissaire de la défense dans les départements de l'Aisne, du Nord, du Pas-de-Calais et de la Somme. Il était fort peu compétent en matière d'organisation, ainsi qu'il le reconnaissait lui-même, mais abstraction faite de ses idées politiques qu'à cette époque on trouvait avancées, c'était un caractère résolu et un ardent patriote.

Les préfets des quatre départements du Nord se réunissent pour se concerter sur les mesures de défense à prendre.

M. Alfred Delattre écrit de nouveau aux journaux pour faire un second appel aux volontaires ; il a quinze adhérents dont quatorze de Pont-Remy et un de Bray-lès-Mareuil, dont il publie les noms. Quand il en aura cinquante, on fera un règlement et on élira les chefs.

Un décret du gouvernement de Tours institue les cours martiales en remplacement des conseils de guerre.

Au cours des événements qui se déroulaient si vite et si confusément, les idées les plus bizarres, les bruits les plus étranges surgissaient et parfois obtenaient la faveur populaire. Ainsi, un Français qui se trouvait au Tréport et qui signait « Un républicain parisien », écrivait aux journaux d'Abbeville pour indiquer un moyen infaillible d'anéantir les envahisseurs. Ce moyen consistait tout simplement à élever des barricades de pavés, à la hauteur du premier étage des maisons, à l'entrée de chaque ville ou village ouverts. Mais il oubliait d'indiquer le lieu où l'on pourrait se procurer des pavés.

Le chemin de fer s'arrête maintenant à Amiens. Les nouvelles du dehors deviennent rares. Depuis le 27 septembre, les directeurs du journal *l'Abbevillois* publiaient, en dehors de leur journal ordinaire, une nouvelle feuille de deux pages seulement, paraissant tous les jours, portant également le nom de *l'Abbevillois*. Cette petite feuille était très recherchée ; elle a paru jusqu'au 27 mars 1871.

Le 3 octobre, la municipalité publie un avis invitant :

1° tous les volontaires qui n'appartiennent ni à l'armée régulière ni à la garde mobile, 2° tous les Français de vingt et un à quarante ans, non mariés ou veuf sans enfant, à se faire inscrire à la mairie dans les quarante-huit heures.

Les gardes nationaux commencent le 6 octobre à s'exercer au tir à la cible, au marais Malicorne, et, quelques jours plus tard, ils sont astreints à faire l'exercice quatre fois par semaine. Mais il paraît que tous ne font pas régulièrement leur service et quelques-uns d'entre eux écrivent aux journaux pour s'en plaindre et pour demander une application stricte de la loi.

Les mobiles du Gard font regretter ceux de la Marne ; ils ne montrent aucun zèle et se plaignent d'être armés de mauvais fusils. Après leur départ, le sous-préfet s'est vu obligé de publier dans les journaux un avis portant que les personnes chez lesquelles des fusils auraient été abandonnés par les mobiles de la Marne ou du Gard, étaient invitées à les rapporter à la sous-préfecture dans le plus bref délai.

L'argent devenant très rare, le conseil municipal, à la date du 4 octobre, décide l'émission de 50,000 francs de bons municipaux de cinq et dix francs.

Le 7 octobre, l'administration municipale prévient les ouvriers domiciliés dans la ville et les faubourgs, qu'à partir du 10 octobre un atelier sera ouvert pour faire des travaux de terrassement dans les marais de Rouvroy et de Malicorne.

Un décret fixe au 16 octobre les élections pour l'assemblée constituante. Les membres de la Chambre de commerce et du Comice agricole se réunissent séparément pour s'occuper du choix des candidats. Mais quelques jours plus tard ces élections sont encore une fois ajournées.

Plusieurs maisons d'assurances et remplacements militaires font annoncer dans les journaux qu'elles sont en mesure de fournir des remplaçants pour les jeunes gens de vingt-cinq à trente-cinq ans au prix de 12 à 15,000 francs.

Gambetta, ministre de l'Intérieur, a quitté Paris en ballon. Il a atterri au delà d'Amiens et a fait une apparition dans cette ville. Arrivé à Tours, il lance le 9 octobre une proclamation qui est publiée dans toutes les communes, dans laquelle on lit : « Levons-nous donc en masse et mourons plutôt que de subir la mort du démembrement. »

Le commandant Rousset, dans son *Histoire de la guerre de 1870-1871*, que nous avons déjà citée, après avoir signalé la confusion et l'affolement qui existaient alors dans les sphères du pouvoir, dit que Gambetta vint à temps arrêter l'intolérable anarchie militaire dont le pays souffrait et, rappelant que le jeune dictateur disait : « Nous allons mener la guerre suivant la tradition révolutionnaire », et encore : « Si nous ne pouvons faire un pacte avec la victoire, faisons du moins un pacte avec la mort », ajoute : « Assurément, tout dans l'œuvre du dictateur n'échappe point à la critique ; sans lui cependant, il est probable que les efforts du patriotisme français auraient pu aboutir à un aveu d'impuissance. »

Le 12 octobre, les conscrits de la classe de 1870 quittent Abbeville, pour aller rejoindre leurs régiments respectifs.

Quelques gardes nationaux de bonne volonté se réunissent afin d'essayer de former une compagnie armée de chassepots, mais le préfet leur refuse l'autorisation de se constituer, à moins qu'ils ne consentent à dépendre entièrement du ministère de la Guerre, et à être envoyés au besoin hors du département. Comme la plupart des adhérents entendaient opérer autour d'Abbeville, il n'est donné aucune suite à ce projet.

On manquait d'armes pour les mobiles et les mobilisés ; on était sur le point de s'en procurer, mais, par une circulaire du 14 octobre, Gambetta crut devoir interdire toute acquisition d'armes par les comités locaux. Cette interdiction eut de fâcheuses conséquences ; plus tard l'enquête parlementaire a révélé des spéculations regrettables, qui eussent été évitées si les acquisitions avaient été faites par des hommes connus; de plus, il se produisit un retard regrettable dans les achats.

Le 10 octobre, le général commandant l'état de siège avait décidé qu'aucun transport de vivres, denrées, munitions, etc... pouvant servir à l'ennemi et paraissant se diriger vers les pays occupés, ne pourrait être opéré, sans une autorisation du maire de la commune où le chargement aurait été effectué, autorisation qui devait être revêtue du visa de la gendarmerie, et indiquer la destination.

Le surlendemain, un décret du gouvernement prohibait, sur l'étendue de toutes les frontières, la sortie des bestiaux de toutes sortes, des viandes, grains, farines, sons et fourrages.

Un arrêté préfectoral du 14 octobre décide que la prorogation accordée pour le paiement des effets de commerce sera continuée, pour les effets payables dans le département de la Somme, jusqu'à ce que le gouvernement ait pris une nouvelle décision, et, le 15 octobre, le préfet publie un décret du gouvernement de Paris, décidant que le délai accordé par la loi du 13 août et le décret du 13 septembre, relatifs aux effets de commerce, était augmenté d'un mois à compter du 14 octobre, et que cette disposition s'appliquait même aux valeurs souscrites postérieurement à ces loi et décret. Le 12 novembre suivant intervenait un arrêté préfectoral qui prorogeait de nouveau ce délai jusqu'après la cessation de la guerre.

Pendant la première quinzaine d'octobre, on fut assez tranquille à Abbeville; on se rendait bien compte que l'arrivée des ennemis devait se faire attendre quelque temps encore; on s'occupait d'armer et d'exercer de jeunes troupes; malheureusement, on était toujours porté à voir des espions. Ainsi, le 1er octobre, deux hommes à peu près inconnus à Abbeville, qui faisaient partie de la troupe du théâtre, faillirent être arrêtés comme espions prussiens près du champ de foire. On guettait anxieusement l'arrivée des divers théâtres de la guerre de nouvelles qui le plus souvent étaient mauvaises et rendaient les alarmes un peu plus vives encore.

Le 17 octobre, on apprend la capitulation de Soissons, et celle plus grave et plus inquiétante pour nous de Montdidier, dont le maire est révoqué, parce que, dit-on, il aurait voulu s'opposer à ce que l'on défendît la ville.

Le général Paulze d'Ivoy, commandant le département de la Somme, prend un arrêté aux termes duquel l'état de guerre est appliqué à ce département, conformément au décret du 14 octobre 1870.

Le préfet décide que, jusqu'à nouvel ordre, toutes foires et tous marchés de grains ou de bestiaux sont interdits dans les cantons de Poix, Hornoy, Conty, Sains, Ailly-sur-Noye, Moreuil, Montdidier et Roye, et que cette interdiction s'étendra successivement à tous les cantons contigus à ceux occupés, en tout ou en partie, par l'ennemi. Est prohibée toute exportation de bœufs, vaches, veaux, chevaux, moutons, volailles, œufs, sels et tabac, du département de la Somme dans ceux de l'Aisne et de l'Oise.

On apprend que les habitants d'une petite ville ouverte, Châteaudun, viennent de donner un grand exemple de bravoure et de patriotisme ; ils ont résisté héroïquement, et leur ville n'a été prise qu'après un bombardement et une lutte de dix heures.

Le général Bourbaki, nommé au commandement de l'armée en formation dans le Nord, traverse Amiens pour se rendre à Lille.

Le 21 octobre à sept heures du soir, un télégramme du préfet de la Somme au maire d'Abbeville dit : « Plus de doute que nous serons attaqués cette nuit ou demain ; envoyez-nous des secours si vous pouvez arriver à temps. » Le même jour, à onze heures du soir, nouveau télégramme disant : « Danger imminent est passé, attendez nouvelles et ordre. » Enfin, un nouveau télégramme du lendemain, une heure quarante-cinq du matin, est ainsi conçu : « Je vous confirme ma dépêche, vous priant de conserver la garde nationale, mille remerciements, l'arrivée de l'ennemi est retardée pour cause inconnue, il est rentré à Beauvais. »

Dans la soirée, le clairon avait parcouru la ville pour appeler aux armes les deux à trois cents mobiles qui se trouvaient à Abbeville. Ces jeunes soldats devaient partir de suite, et la garde nationale se disposait à les suivre.

Ces dépêches, dues probablement à un manque de sang-froid du préfet, avaient fait sensation à Abbeville et y avaient même produit une certaine surexcitation. Quelques personnes, voulant expliquer, sinon excuser les télégrammes du préfet, ont prétendu qu'Amiens n'avait pas été menacée, et que M. Lardière avait seulement voulu s'assurer des dispositions de la garnison et de la garde nationale d'Abbeville.

Quoi qu'il en soit, le conseil municipal, qui avait été convoqué pour huit heures du matin, après avoir constaté qu'en présence des derniers télégrammes il n'y avait rien à faire, crut devoir charger M. Callaud de se rendre à Amiens pour voir le général et le préfet.

Le bruit court que Bourbaki a l'intention d'établir son quartier général à Abbeville; il est possible qu'un semblable projet ait été examiné par l'état-major de l'armée du Nord, mais rien n'est venu confirmer ce bruit.

Le 22 octobre, le poste des gardes nationaux de la porte Marcadé arrête cinq voitures et dix-neuf chevaux, venant de Nampont-Saint-Martin, et se rendant dans des localités occupées par l'ennemi. Mais, après avoir entendu les explications du propriétaire de ce convoi, les autorités lui permettent de continuer sa route.

On parle vaguement de paix sans pouvoir en indiquer les conditions. Du reste, les bruits les plus contradictoires se succèdent à des intervalles très courts : on parle en même temps pour ainsi dire de succès et de revers ; malheureusement, ce sont presque toujours les bruits relatifs aux revers qui sont exacts, ce qui, au milieu de nos espérances et de nos angoisses, produit une tristesse indicible.

On a de bonnes nouvelles des mobiles de l'arrondissement, qui se trouvent enfermés dans Paris ; ils sont casernés à Vincennes, et sont disposés à faire bravement leur devoir. *L'Abbevillois* ouvre une souscription pour leur offrir une bannière portant le nom et les armes de notre cité.

Un arrêté du préfet, en date du 16 octobre, a organisé la garde nationale mobilisée de la Somme en trois légions divisées en huit bataillons et soixante-dix-sept compagnies. On sait qu'elle comprend les citoyens, célibataires ou veufs sans enfant, de vingt et un à quarante ans. Les Abbevillois qui en font partie forment les trois premières compagnies du premier bataillon. Les gardes nationaux mobilisés sont habillés, équipés et soldés par l'Etat au moyen de subsides fournis par les départements et les communes. Leur solde est la même que celle de la garde mobile. Leur uniforme consiste en un képi semblable à celui de cette garde, portant sur le devant le mot « Somme » et les numéros des légions, bataillons et compagnies, tunique-vareuse en drap bleu foncé avec liseré rouge au collet et aux manches, boutons en métal blanc, pantalon en drap bleu foncé. Un arrêté préfectoral porte que les élections pour la nomination des chefs de bataillon et des porte-drapeaux de cette garde nationale mobilisée auront lieu le 25 octobre.

Un décret décide que, dans tous les départements en état de guerre, le comité militaire pourra requérir l'évacuation immédiate des chevaux, bestiaux, voitures et approvisionnements de toute espèce de nature à servir à l'ennemi, et que, lorsque l'évacuation n'aura pu avoir lieu à temps, ce comité requerra et poursuivra la destruction du matériel et des approvisionnements de toute nature, pour éviter qu'ils ne tombent entre les mains de l'ennemi. Des reçus en poids et en nombre seront donnés aux habitants, et les estimations seront faites à dire d'experts.

L'administration municipale informe les Abbevillois, qu'à partir du 26 octobre une première émission des bons, dont la création a été décidée par le conseil municipal, aura lieu à l'hôtel-de-ville, au bureau de la comptabilité. Les bons de dix francs sont imprimés sur papier jaune avec de l'encre noire, ceux de cinq francs sur papier blanc avec encre bleue. Tous sont revêtus de la griffe de l'administrateur délégué, et de la signature de deux conseillers municipaux. Ils seront reçus en paiement par les cinq banquiers d'Abbeville.

Le public est prévenu que le gouvernement a contracté un emprunt à Londres, et qu'une souscription publique est ouverte chez les receveurs des finances ; des obligations de 500 francs sont émises à 425 francs avec un intérêt annuel de 30 francs ; le remboursement aura lieu au pair dans un délai de trente-quatre ans.

En présence de l'interruption des transactions, des ateliers qui se ferment, et de la misère qui augmente, l'administration municipale ouvre une souscription pour les pauvres.

Une autre souscription est ouverte en faveur des francs-tireurs.

Le docteur Tételin, commissaire de la défense dans les quatre départements du Nord, qui avait donné sa démission par le motif que l'organisation des armées lui était étrangère, et qu'il avait accepté une mission au-dessus de ses forces, croit devoir retirer cette démission.

Gambetta lance une circulaire recommandant la résistance, et disant que les villes et communes qui se rendraient sans avoir tenté de résister seraient dénoncées au pays par *le Moniteur*.

Le 29 octobre, le général Bourbaki, qui organise l'armée

du Nord, adresse aux citoyens, gardes nationaux, soldats et gardes mobiles des départements du Nord une proclamation dans laquelle on lit : « Pour moi qui ai loyalement offert mon épée au gouvernement de la Défense nationale, mes forces et ma vie appartiennent à l'œuvre commune qu'il poursuit avec vous, et vous me verrez, au moment du danger, à la tête des troupes qui seront incessamment organisées... Vous pouvez compter sur le plus énergique concours et le dévouement le plus absolu de ma part, comme je compte sur votre concours et votre patriotisme. »

Le commandant Rousset (1) fait du général Bourbaki le portrait suivant : « Il était sans contredit un des chefs les plus braves et les plus brillants que nous ait légués l'armée d'Afrique, d'une prestance remarquable, d'un admirable entrain au feu, d'une ardeur jamais chancelante ; il exerçait sur le soldat un prestige absolu. » Et il ajoute : « Mais rien dans sa carrière ni dans son caractère ne l'avait préparé à la mission redoutable qui allait lui échoir. Passer du commandement de la garde impériale à celui d'une bande de conscrits déguenillés, qui ne savaient ni marcher, ni tirer, ni combattre était une transition trop brutale. Lui, qui n'avait jamais hésité devant une batterie ennemie, se sentit tout à coup envahi par le découragement. »

Nous sommes arrivés, hélas ! à l'une des dates les plus tristes de notre lamentable odyssée. Le 28 octobre, on apprend que Metz et avec elle Bazaine et son armée auraient capitulé. Les journaux anglais et belges le disent. On ne peut, on ne veut pas croire à un semblable désastre. Le 29 octobre, à une heure du matin, le gouvernement envoie une dépêche relatant ce bruit, sans le confirmer ni le démentir ; mais une proclamation officielle des membres du gouvernement de Tours, du 30 octobre dix heures du matin, confirme la triste nouvelle.

---

(1) *La guerre franco-allemande*, t. v, p. 23.

Ceux qui, comme l'auteur de ces lignes, ont entendu, le dimanche 30 octobre, vers neuf heures du soir, M. Calluaud, président du grand cercle abbevillois, lire à la foule réunie dans la cour et dans les salons de ce cercle cette proclamation parvenue par le télégraphe, dans laquelle les récriminations contre Bazaine et contre l'empire, en phrases déclamatoires, s'unissaient à l'expression énergique de vifs sentiments patriotiques, ceux-là, disons-nous, ont conservé un souvenir inoubliable de l'impression et des sentiments douloureux éprouvés par les Abbevillois dans cette triste circonstance.

Il n'est que trop certain que cette catastrophe sans précédent dans l'histoire de France était due au maréchal Bazaine, qui n'avait peut-être pas voulu trahir, mais qui avait montré un complet oubli de tous ses devoirs de soldat et de Français.

La reddition de Metz rendait disponible une notable partie des forces ennemies, et nous devions craindre une invasion prochaine ; aussi l'émotion est grande : les uns accusent Bazaine, d'autres s'en prennent à l'empire, certains trouvent que le gouvernement improvisé qui s'est imposé à la France est insuffisant ; tous sont désolés. Il va falloir résister à l'ennemi, procurer du travail aux ouvriers et secourir les indigents. C'est le moment pour les Abbevillois de se montrer plus que jamais unis et patriotes.

CHAPITRE III

De la reddition de Metz à celle d'Amiens
28 octobre — 28 novembre.

C'est au moment où les plus grands efforts étaient faits pour réorganiser nos armées, qu'eut lieu la capitulation de Metz. Les forces allemandes retenues autour de cette ville recouvrèrent leur liberté d'action. Elles furent dirigées partie sur la Loire et partie vers la Somme. Les ennemis croyaient que, comme le leur avait dit le prince Frédéric-Charles, après la capitulation de Metz, la puissance de la France était brisée et ses armées détruites. Aussi s'étonnaient-ils de la formation d'armées nouvelles. La France n'était pas aussi épuisée que le croyait le prince prussien et elle devait donner au monde le spectacle d'une nation, qui trouve dans l'énergie du désespoir, des forces nouvelles et des ressources imprévues, qui, malgré le nombre de ses ennemis, et malgré des revers sans précédents, sait sauver son bien le plus précieux, son honneur.

Par un décret du 1er novembre, le commandant Babouin est nommé commandant supérieur des gardes nationales mobilisées du département de la Somme.

Deux cent quarante mobilisés du département de l'Oise arrivent à Abbeville, ils sont sans armes, leurs fusils ne leur parviennent que quelques jours plus tard.

On apprend que le 31 octobre il y a eu à Paris un commencement d'insurrection contre le gouvernement de la Défense nationale, et que M. Thiers rend compte aux membres du gouvernement de sa mission en Europe, et de ses négociations avec les Prussiens à Versailles.

Une proclamation de Gambetta à l'armée, débute ainsi : « Tours, 1er novembre. Soldats, vous avez été trahis mais non déshonorés, etc. »

Un décret, daté de Tours, 2 novembre, porte que tous les hommes valides de vingt et un à quarante ans, mariés ou veufs, avec enfants, sont mobilisés, que la République pourvoira aux besoins des familles reconnues nécessiteuses, et adopte les enfants des citoyens qui succombent pour la défense de la patrie. En appelant au service, à peu près tous les hommes valides, le gouvernement se préoccupait de l'accueil que pourrait faire l'ennemi, à ceux d'entre eux qui seraient faits prisonniers, et afin d'éviter qu'ils fussent traités en francs-tireurs, le préfet publiait un extrait de la loi du 29 août 1870, disant, que seraient considérés comme faisant partie de la garde nationale, et jouiraient des immunités accordées aux corps militaires régulièrement constitués, les citoyens qui se porteraient spontanément à la défense du territoire, avec l'arme dont ils pourraient disposer, et en se couvrant de l'un des signes distinctifs de cette garde. Les lois sur les pensions militaires, sont déclarées applicables aux gardes nationaux mobilisés et sédentaires, à leurs veuves et à leurs enfants. Un crédit de 25 millions, destiné à venir en aide aux femmes et enfants ou ascendants des citoyens qui combattent pour la défense du pays, est porté à 50 millions.

Un autre décret du gouvernement décide que les citoyens mobilisés par le décret du 29 septembre, formeront un premier ban, dans lequel seront compris ceux qui ont été, à titre de soutiens de famille, exemptés par les conseils de révision, que les citoyens mobilisés par le décret du 2 novembre, formeront un second ban, se subdivisant lui-même en trois autres : le premier comprenant les hommes de vingt et un à trente ans, le deuxième ceux de trente à trente-cinq ans, et le troisième, les hommes de trente-cinq à quarante ans.

Le gouvernement décrète en outre, que sont mis à la disposition du ministre de la guerre, les ingénieurs des mines, ceux des ponts et chaussées, les agents voyers et les architectes de département, avec tout leur personnel et leurs moyens d'action.

Le 4 novembre le conseil municipal se réunit, afin de prendre des mesures destinées à fournir du travail aux ouvriers. Il décide l'établissement d'ateliers, dans les marais de Rouvroy, Saint-Gilles, des Planches, Menchecourt et Mautort, au cimetière de la Chapelle, sur différents chemins, etc., et il vote un emprunt de 70,000 francs, qui sera réalisé au moyen d'une souscription publique, et par l'émission de 700 obligations, de 100 francs chacune, rapportant 5 0/0 d'intérêt par an, à partir du 1er octobre 1870, et remboursables, par la voie du sort, de 1873 à 1877.

Le lendemain, le conseil décide, à l'unanimité, d'ouvrir une souscription en faveur des pauvres. Les vingt-sept conseillers municipaux s'inscrivent en tête de la liste de souscription, pour des sommes inégales, s'élevant au total à 9,050 francs. Le conseil municipal se divise en huit sous-commissions, dont les membres se rendent à domicile, pour recueillir les souscriptions de nos concitoyens.

On savait que des pourparlers, en vue d'un armistice, étaient engagés entre le gouvernement de Paris et Bismarck. On apprend que ces pourparlers n'ont pas abouti : ce résultat auquel on s'attendait généralement, ne cause pas une bien vive déception. La France demandait que l'armistice fut de vingt-cinq jours, afin de permettre l'élection d'une assemblée nationale ; elle demandait aussi que Paris fut ravitaillé pour une période égale à la durée de l'armistice. La Prusse, on le sait, refusa de laisser ravitailler Paris (1).

Le bataillon des volontaires de la Somme, mis, à la date du 5 novembre, à la disposition du ministre de la guerre, se trouve compris dans la première légion des mobilisés de la Somme, où il forme le 4e bataillon.

La garde nationale continue à monter la garde, notamment aux portes de la ville ; les hommes font assez bien leur service, cependant on écrit aux journaux, pour se plaindre de ce que le tour de garde revient tous les sept jours, quand il ne devrait revenir que tous les onze jours.

Le 8 novembre le conseil municipal vote, pour la solde et l'équipement des gardes nationaux mobilisés, une imposition spéciale de dix-neuf centimes, recouvrable de suite, au moyen d'un rôle spécial. Deux jours plus tard, le conseil, voulant fournir aux gardes nationaux des trois compagnies mobilisées d'Abbeville, des armes perfectionnées, vote onze nouveaux centimes, ce qui fait trente centimes additionnels au principal des quatre contributions.

On avait de bonnes nouvelles de l'armée du Nord qu'on savait en voie d'organisation Le 22 octobre, le général Bourbaki en avait pris le commandement, mais en arrivant à Lille, il s'était trouvé en butte à d'injustes préventions. Pourtant, avec beaucoup d'abnégation et de patriotisme, il s'occupait activement de la formation de son armée, lorsqu'à la date du 18 novembre, le ministre de la guerre l'appela au commandement du 18e corps d'armée à Nevers, et lui donna pour successeur le général Favre, qui lui-même fut remplacé, quelques jours plus tard, par le général Faidherbe, récemment promu général de division.

(1) Voir le rapport de M. Thiers adressé au Gouvernement et aux grandes puissances qui avaient appuyé la proposition d'armistice.

Voici en quels termes M. Louandre s'exprime sur le général Bourbaki, dans la *Revue des Deux-Mondes* du 15 juillet 1873 : « Il faut avoir visité le département du Nord, et recueilli sur place, le témoignage des habitants, pour se faire une idée, du talent d'organisation et de l'activité du général Bourbaki, des embarras que lui suscitèrent les meneurs du parti radical, et de l'indigne conduite que ce parti tint à son égard ; à son passage à Douai, la population l'avait hué, certains journaux s'acharnaient contre lui, mais le général s'éleva au-dessus de ces misères ; en un mois, et malgré son isolement du reste de la France, il avait réussi à constituer une petite armée, avec les éléments incohérents dont il disposait. Le 18 novembre il avait 15,300 hommes d'infanterie, 350 hommes de cavalerie et 54 pièces de campagne (1); l'armée avait confiance en lui et ne demandait qu'à marcher. »

Ces changements de général en chef, dans les circonstances où l'on se trouvait, ne pouvaient avoir que des conséquences déplorables. On s'en préoccupait à Abbeville, parce que nous savions que notre sort était pour ainsi dire lié à celui de l'armée du Nord. En effet, si cette armée parvenait à refouler, ou tout au moins à arrêter l'ennemi, dans sa marche envahissante, nous n'avions pour ainsi dire plus rien à craindre, mais si au contraire elle était battue, Abbeville devait s'attendre à être attaquée.

Des gardes nationaux mobilisés, venant en grande partie des environs d'Amiens et dont le nombre était d'environ 4,500, arrivent successivement à Abbeville ; ils n'y séjournent pas longtemps, et sont dirigés vers l'armée du Nord.

Les nouvelles de la guerre sont toujours mauvaises, cependant voici un rayon d'espoir : nos troupes ont repris Orléans aux Prussiens ; de temps en temps de fausses

(1) Selon le commandant Rousset, à cette date l'armée du Nord comptait 23,000 hommes.

nouvelles circulent; on parle de sortie de la garnison de Paris, de combats plus ou moins heureux, livrés un peu partout, puis le silence se fait sur ces prétendus succès, qui le plus souvent n'ont existé que dans l'imagination de nouvellistes inquiets, énervés, portés à prendre leurs désirs pour des réalités.

Défense est faite à tous les journaux, de rien publier sur les mouvements des troupes françaises du nord de la France, sous peine d'être traduits devant un conseil de guerre.

Le gouvernement de Tours décrète, que la veuve qui a son fils sous les drapeaux, ou qui a perdu un de ses enfants au service de la patrie, de même que la femme qui a perdu son mari à l'armée, ne peuvent être soumises à aucun acte de poursuite, en paiement de leurs dettes, ou de celles de leurs maris.

Le 11 novembre, Gambetta donne des instructions aux préfets, relativement aux batteries d'artillerie, que les départements doivent fournir à l'Etat, en vertu d'un décret du 5 novembre. Un peu plus tard, on autorise les préfets à requérir tous les chevaux et harnais nécessaires à ces batteries.

Le sous-préfet Gavelle lit, le 14 novembre, au balcon de l'Hôtel de Ville, une dépêche enflammée de Gambetta, disant qu'il est allé à Orléans porter ses félicitations à l'armée de la Loire. Les Abbevillois, à la lecture de cette dépêche, éprouvent une satisfaction patriotique fort bien dépeinte par notre savant concitoyen, M. Ernest Prarond (1), qui précisément à cet instant, montait la garde, en qualité de pompier, à la porte de l'Hôtel de Ville.

Depuis le 3 novembre, le bureau de bienfaisance, moyennant quinze centimes, met, à la disposition des pauvres et des personnes charitables des cartes, donnant droit à un litre de bouillon, ou à 200 grammes environ

(1) *Journal d'un provincial pendant la guerre de 1870-1871*, p. 141.

viande cuite et désossée, et d'autres cartes donnant droit à un kilo de pain de ménage, à deux centimes au-dessous du prix de vente des boulangers.

Au 22 novembre, la souscription ouverte au profit des pauvres, atteint 73,091 francs.

Le préfet interdit pour tout le département, l'exportation des œufs, du beurre et de l'huile.

Le sous-préfet décide que le bulletin de la République française, sera lu tous les dimanches, par les instituteurs publics de la ville et des faubourgs, aux habitants réunis dans chaque école, à des heures fixées.

Sur la demande de M. Calluaud, le préfet désigne MM. Watel et Monchaux pour remplir les fonctions d'adjoint.

Quelques plaintes sont formulées dans le public, par suite du refus par certaines personnes, de recevoir en paiement, des bons municipaux, mais ces plaintes ne se renouvellent pas, et ces bons sont bien accueillis.

M. Dufourny-Vasseur ayant donné sa démission de capitaine-commandant des sapeurs-pompiers, M. Richard-Lottin est élu en sa place.

Un arrêté de la municipalité invite les célibataires de vingt et un à quarante ans, susceptibles d'être mobilisés, qui ne se seraient pas encore fait inscrire, à se présenter sous trois jours, à la mairie, sous peine d'être considérés comme réfractaires.

On reçoit de bonnes nouvelles des mobiles abbevillois qui sont à Paris. Le colonel Boucher les a récemment passés en revue, sur l'esplanade des Invalides. On a remarqué leur allure martiale.

Les Abbevillois commencent à être inquiets pour Amiens, dont les Prussiens approchent, et l'absence de toute nouvelle donne lieu aux pires suppositions.

Le 28 novembre, le tambour bat le rappel. Les Prussiens sont, dit-on, à Ailly-le-Haut-Clocher; la garde nationale prend les armes, et se rend aux portes et aux remparts, mais ce n'est qu'une fausse alerte, et vers minuit, les gardes nationaux rentrent chez eux.

On est sans nouvelle de ce qui se passe autour d'Abbeville, où ne parviennent ni journaux, ni dépêches. La ligne du chemin de fer est coupée, et Abbeville est isolée. En l'absence de renseignements précis, les bruits les plus contradictoires et les plus extravagants continuent à circuler, au sujet des combats qui ont été livrés autour d'Amiens.

Le 27 novembre, une dépêche du préfet arrivée à la chute du jour à la mairie, avait demandé le secours de la garde nationale, qui comprenait alors 6 compagnies *intra muros* et 2 compagnies *extra muros*, ce qui, avec les pompiers de la ville et des faubourgs, présentait un effectif de 12 à 1.300 hommes. A neuf heures du soir, nouvelle dépêche disant : « Dury est en feu, la bataille cesse, positions conservées, résultat indécis. » Le lendemain matin, les gardes nationaux se rendent en armes, aux points de réunion, s'attendant à partir, mais on ne tarde pas à apprendre qu'Amiens a capitulé. Trois dépêches étaient arrivées coup sur coup à Abbeville. La première, de 1 h. 15 du matin, adressée au sous-préfet, disait : « Arrêtez le départ de toutes gardes nationales, de n'importe quelle localité. » La deuxième, de 1 h. 25, au chef de gare, était ainsi conçue : « Arrêtez tout départ sur Amiens, trains en route doivent rétrograder. » La troisième, de 10 h. 50 ne laissait plus d'espoir : « Le chef-lieu du département disait-elle, tombe à son tour au pouvoir de l'ennemi. Le conseil des officiers supérieurs vient de décider la retraite de l'armée du Nord, et le désarmement de la garde nationale d'Amiens. »

On voit bientôt arriver à Abbeville, venant d'Amiens, à la débandade, des soldats qui racontent en les grossissant, les faits dont ils ont été les acteurs ou les témoins. Ce sont des francs-tireurs, des chasseurs à pied, des zouaves, etc., c'est aussi une ambulance qui rentre à Abbeville. Amiens pris, Abbeville se trouve directement menacée, et on prévoit les pires événements. On comprendra facilement l'émotion qui régnait à Abbeville, au moment où l'on se battait autour d'Amiens, et surtout lorsque l'on vit arriver des soldats de toutes armes, qui paraissaient être plutôt des fuyards, que des combattants en retraite.

Quelques cavaliers abbevillois, envoyés en éclaireurs vers Ailly et Pont-Remy, rapportent qu'ils n'ont vu aucun Allemand, et qu'ils n'ont rien appris, pouvant faire craindre la prochaine arrivée de l'ennemi. Néanmoins les plus grandes précautions sont prises; on coupe les ponts des portes de la ville; les postes sont doublés, des gardes nationaux sont placés sur les remparts, les pompiers sont à la porte Saint-Gilles.

M. H. Daussy (1) s'exprime ainsi sur ce qui s'est passé, après la bataille qui a livré Amiens aux Prussiens : « Dans la nuit du 27 au 28 novembre, l'ennemi était très impressionné de la résistance qu'il avait rencontrée... Gœben déclarait à Manteuffel, qu'on ne pouvait attaquer les retranchements d'Amiens, qu'au prix de grands sacrifices. Manteuffel avait donné des ordres pour conserver ses positions, mais il était décidé à ne reprendre la lutte qu'après avoir reçu des renforts. On tint conseil à la préfecture et on résolut de battre en retraite, mais cette retraite eut lieu dans les conditions les plus fâcheuses, et avec une précipitation qui la convertit en une véritable déroute. Pendant que les Prussiens sentaient le besoin de se renforcer, avant de recommencer la lutte, l'armée française fuyait sur les routes conduisant à Arras. Amiens était abandonné à l'ennemi, et l'armée du Nord était en déroute. »

Les généraux français ne paraissent pas avoir apprécié sainement la situation respective des deux armées en

---

(1) *La ligne de la Somme pendant la guerre 1870-1871*, p. 5. — **Amiens**, Delatre-Lenoël.

présence, après la bataille du 27, mais il faut reconnaître que si les troupes allemandes étaient solides et aguerries, les nôtres étaient jeunes, inexpérimentées et par conséquent susceptibles de se démoraliser facilement. De plus, il faut dire que l'équipement, dans l'armée du Nord, laissait beaucoup à désirer. Les troupes régulières avaient le chassepot, certains mobiles le fusil à tabatière, d'autres le remington, la carabine minié, le fusil à percussion ; parmi les mobilisés, les uns portaient le fusil snider, mais la plupart n'avaient que d'anciens fusils à silex, transformés en fusils à piston.

Ces troupes ainsi armées, qui nécessairement n'avaient pas confiance dans leurs armes défectueuses, devaient forcément inspirer à leurs chefs des doutes sur leur solidité devant l'ennemi, et peut-être ce manque de confiance a-t-il exercé une certaine influence sur la décision qui a fait évacuer Amiens, avec tant de précipitation. Il n'est que juste de constater que le général Faidherbe a su tirer des troupes sous ses ordres, équipées et armées comme elles l'étaient, le maximum de ce qu'elles pouvaient donner.

Heureusement les Prussiens suivirent le gros de l'armée du Nord ; le 1er décembre ils occupaient Albert et Doullens, mais ils laissaient, pour quelque temps du moins, Abbeville de côté, et dans une tranquillité relative.

Amiens fut occupé le 28 novembre vers midi. Le lendemain, après la mort du brave commandant Vogel, la citadelle se rendit. La garnison comprenait des artilleurs mobiles qui étaient presque tous d'Amiens. L'ennemi les laissa en liberté, en échange de leur engagement, de ne plus servir pendant la guerre, et pour garantir l'exécution de cet engagement, et aussi comme gage de la tranquillité des Amiénois pendant l'occupation, la ville d'Amiens fut obligée de verser aux Prussiens, dans les quarante-huit heures, un million en espèces.

La bataille du 27 a donné lieu à des confusions : les Prussiens lui ont donné le nom d'Amiens, les Français, tantôt celui de Villers-Bretonneux, tantôt celui de Dury; il en est résulté que d'une seule bataille, on a pu en faire trois.

CHAPITRE IV

De la prise d'Amiens au combat de Longpré-les-Corps-Saints.

28 novembre — 28 décembre.

La prise d'Amiens faisait tomber aux mains de l'ennemi, la ligne de la Somme, depuis Abbeville jusqu'à Péronne. La Somme on le sait, a joué dans cette guerre un rôle considérable. Les Allemands avaient parfaitement apprécié l'importance stratégique de ce petit fleuve qui, à trente lieues au nord de Paris, constitue autant par les marais et les étangs qu'il traverse, que par son son cours lui-même, un obstacle difficile à franchir, pour une armée venant du nord; aussi tenaient-ils à s'en emparer, afin d'arrêter la marche d'une armée française, courant au secours de Paris. Dans toutes les guerres, cette ligne de la Somme a toujours été jugée importante. Les camps permanents établis par les Romains, à Saint-Valery, Caubert, Liercourt, l'Etoile, etc., prouvent que, dès l'époque où la Gaule fut conquise par les Romains, ceux-ci gardaient avec soin tous les passages, et savaient mettre à profit tous les accidents de terrain de la vallée de la Somme. Ce fleuve, qu'en 1712, avant Denain, Louis XIV choisissait, comme la dernière défense de la France envahie, allait encore en 1870 couvrir efficacement le siège de Paris. Saint-Quentin, Péronne, Amiens et Abbeville sont les quatre points principaux de cette ligne. Maîtres d'Amiens, les Prussiens devaient nécessairement essayer d'enlever Abbeville et Péronne.

Des mobilisés en grand nombre arrivent à Abbeville, et sont logés chez les habitants ; certaines personnes en ont jusqu'à huit.

Un arrêté du 28 novembre nomme M. Carpentier, chef d'escadron d'artillerie en retraite, commandant de la place d'Abbeville. M. Gabriel de Valanglart est désigné comme son officier d'ordonnance.

Abbeville est devenue tête de chemin de fer ; les trains venant de Boulogne s'y arrêtent. On ne reçoit plus de journaux du dehors.

Les mobilisés partent pour Boulogne, et laissent Abbeville sans garnison.

Dans la soirée du 1er décembre, une conférence a lieu à la sous-préfecture, entre le préfet, le sous-préfet et le maire, en présence de M. Carpentier, commandant de place, des capitaines de la garde nationale, et de quelques conseillers municipaux. On convient que, les forces militaires se retirant, la ville se bornera à une défense exclusivement municipale, dont la direction appartiendra au conseiller délégué, faisant fonctions de maire, qui sera seul juge, des mesures à prendre. Cette décision met fin à la mission de M. Carpentier. On supposait que les Prussiens seraient le lendemain sous les murs d'Abbeville ; aussi le maire donne-t-il aux gardes nationaux, et aux pompiers des faubourgs, l'ordre de se réunir dans la ville, le lendemain matin. On procède à une distribution de cinquante cartouches par homme.

Le préfet a pris un arrêté pour transférer provisoirement à Abbeville, la préfecture de la Somme, et le 2 décembre, il requiert le maire de mettre à sa disposition, une voiture-omnibus, pour le transport de ses bagages, et de quatre employés de la préfecture : « la voiture, dit l'arrêté, devra rester constamment et jusqu'à nouvel ordre, à la disposition de M. le préfet. »

L'ordre du jour suivant est adressé aux compagnies de la garde nationale : « Chaque compagnie devra être divisée en deux sections, la première fera le service de garde, la seconde sera de réserve dans les postes, et devra se trouver prête au premier signal. Défense de quitter son poste jusqu'à nouvel ordre ; défense absolue, sous les peines les plus sévères, de tirer sans commandement. Aussitôt l'ennemi signalé, le capitaine enverra prévenir à l'hôtel de ville. Les portes resteront fermées. Les personnes notoirement connues pourront seules entrer. Nul ne pourra sortir sans un laissez-passer signé du maire, du commandant ou d'un conseiller municipal. Chaque poste se reliera aux postes voisins, par des rondes faites d'heure en heure. Ces rondes devront être faites par des officiers. Le commandant, A. DE POILLY ; le conseiller délégué faisant fonctions de maire, CALLUAUD. »

Le 2 décembre, les gardes nationaux se rendent aux postes de combat qui leur ont été assignés par la voie du sort. La première compagnie est à la porte d'Hocquet ; la deuxième, à la porte Marcadé ; la troisième, au chemin de fer ; la quatrième, à la Portelette ; la cinquième, à la porte du Bois ; la sixième, à la porte Saint-Gilles ; les pompiers sont à l'hôtel de ville, et au bâtiment où sont remisées les pompes. Des voitures pour les blessés sont prêtes, les brancardiers aussi. Les habitants des faubourgs ont déposé leurs fusils à l'hôtel de ville. Les gardes nationaux doivent rester constamment à leurs postes ; à trois heures on relèvera la moitié de chaque compagnie, mais les hommes ainsi remplacés, doivent reprendre le service à onze heures, pour permettre à l'autre effectif, d'aller se reposer à son tour.

La sixième compagnie avait à peine pris possession du poste de la porte Saint-Gilles, que deux uhlans prussiens arrivaient jusqu'à cette porte. Des gardes nationaux les mettent en joue, mais ils tournent bride précipitamment et s'enfuient au galop. Ils faisaient partie d'un groupe de dix-neuf cavaliers, qui étaient restés à l'entrée du faubourg Saint Gilles. Voici ce que dit M. E. Prarond sur leur passage à Epagne (1) : « Un sous-officier et deux hommes ont traversé d'abord le village ; les deux hommes se sont arrêtés ; le sous-officier a rebroussé chemin, s'est arrêté au milieu du village, son cheval en travers de la route ; le gros de la troupe l'a rejoint alors. Sur l'ordre de l'officier, un soldat a frappé à la porte de M. Nortier qui s'est présenté (2) : « Abbeville, quelle distance ? — Quatre kilomètres. — Mobiles ? — Je ne sais pas. — Résistance ? — Je l'ignore. » Les Prussiens ont continué leur route. A leur retour, M. de Beaupré, maire du village, se trouvait sur la route. L'officier, un jeune homme blond, qui montait un très beau cheval bai, l'a salué en lui disant : « L'infanterie à douze heures » (c'est-à-dire à midi). Ces détails ont été recueillis à Epagne même, de M. Nortier et de M. de Beaupré. »

Tout indiquait une attaque prochaine de l'ennemi, dont une colonne d'un millier d'hommes, se trouvait à Longpré, le 1er décembre, et qui avait envoyé, le même jour, jusqu'à Pont-Remy, un détachement de soixante-dix hommes, en annonçant que le lendemain, ils seraient à Abbeville.

Le 2 décembre, on signalait la présence de uhlans à Hallencourt et à Sorel, et celle d'une troupe d'infanterie à Hornoy.

Il était évident, que l'autorité militaire renonçait à défendre Abbeville, et que le préfet se disposait à partir. On s'attendait à voir arriver les Prussiens, et, comme Abbeville n'avait pas de garnison, si l'ennemi venait en forces, aucune défense sérieuse n'était possible. Il est facile de se rendre compte de l'état d'esprit de la population. On craignait un bombardement, parce qu'on savait bien que la garde nationale essaierait de résister, et qu'elle ne se rendrait pas à la première sommation. Aussi ils étaient nombreux, ceux qui cachaient et enfouissaient

---

(1) *Journal d'un provincial pendant la guerre*, p. 178.
(2) M. Nortier habitait la première maison d'Epagne, du côté d'Abbeville.

leurs valeurs, et leurs objets les plus précieux. On peut dire sans exagération, que depuis la prise d'Amiens, jusqu'à l'armistice, les Abbevillois ont vécu dans la crainte continuelle d'un siége.

Heureusement, les ennemis ayant pu constater que leurs démonstrations contre Abbeville, restaient sans effet, et que cette ville était résolue à se défendre, se décidèrent à se replier sur Amiens, en faisant sauter le pont du chemin de fer à Picquigny. Il est à peu près certain que sans les mesures de défense qu'avait prises le conseil municipal, et que nous avons indiquées plus haut, Abbeville qui était privée de garnison, aurait été occupée dès les premiers jours de décembre.

Le maire fait publier l'avis suivant, destiné aux chefs de poste de la garde nationale : « Les chefs de poste sont autorisés à laisser entrer et sortir, sous leur responsabilité, toutes les personnes habitant la ville ou les environs, et notoirement connues d'eux, comme non suspectes. En cas de doute, ils doivent exiger un laissez-passer. Le conseil municipal étant en permanence, MM. les conseillers municipaux, qui font partie de la garde nationale, sont provisoirement dispensés du service de garde. Les chefs de poste sont priés de conserver les laissez-passer, à moins qu'ils ne soient pour plusieurs jours. »

Une circulaire de Gambetta, datée du 1er décembre, annonce à toute la France, que les Prussiens ont été battus sous Paris, ce qui malheureusement était loin d'être exact.

On apprend que le docteur Tételin vient de dissoudre les régiments de mobiles, qui se trouvent dans la 3e division militaire, et qu'il a décidé que ces régiments seraient immédiatement réorganisés, mais que les officiers, sauf les lieutenants-colonels et les chefs de bataillon, seraient nommés par leurs hommes. Pour les mobilisés, comme pour la plupart des mobiles du reste, l'habillement et l'équipement étaient à créer presque complètement; même pour les troupes régulières, beaucoup d'effets indispenbles manquaient. L'organisation des gardes mobiles, entravée sous l'Empire par les députés de l'opposition, avait néanmoins été entreprise, mais les mobilisés étaient entrés en campagne dans les plus mauvaises conditions ; il ne faut donc pas s'étonner s'ils se sont parfois montrés insuffisants. Ils ont fait cette campagne par un hiver très rigoureux, sans préparation, à peine garantis du froid, avec des armes défectueuses, dans lesquelles ils n'avaient pas confiance, et pourvus de chaussures de carton, ce qui n'a pas empêché bon nombre d'entre eux, de faire preuve du plus grand courage et du plus pur patriotisme.

Un certain nombre d'officiers, échappés aux catastrophes de l'armée du Rhin, étaient parvenus à rentrer en France par la Belgique. Cinq à six mille hommes, sous-officiers et soldats, avaient en même temps, repassé la frontière ; mais si les officiers étaient excellents, il n'en était pas de même de tous les soldats. Un certain nombre d'entre eux, dit M. Louandre (1), « démoralisés par leurs défaites prêchaient la haine de leurs chefs : Ces traîtres, disaient-ils, qui à l'armée du Rhin, les avaient vendus. D'ailleurs, des meneurs de la démagogie cherchaient à briser les derniers liens de la discipline, ils excitaient les soldats à la révolte et à la désertion, et ces manœuvres portaient si bien leurs fruits, qu'à Amiens plusieurs compagnies du 43e fermèrent les portes du quartier et partirent, avec armes et bagages, sous prétexte de marcher au secours de Paris. Le major, M. Fradin de Lignières, eut toutes les peines du monde à les faire rentrer dans le devoir. »

Le 6 décembre, à trois heures et demie du soir, le tambour bat, le clairon sonne, c'est la générale : les Prussiens sont de nouveau à la porte Saint-Gilles. Ils ne font que se montrer et disparaissent bien vite à la vue des gardes

---

(1) *Revue des Deux-Mondes* du 15 juillet 1873, page 320.

nationaux occupant le rempart. Il paraît qu'ils n'étaient que quelques hommes. Trois compagnies de mobilisés se trouvaient à Abbeville. Le capitaine commandant la garde mobilisée, fait placer ses hommes derrière les créneaux de la porte, et sur le rempart, puis il se met en devoir de faire sortir l'une de ses compagnies. M. Calluaud arrive, il demande en vertu de quels ordres, cet officier prend ces diverses mesures. Celui-ci, dont la sincérité n'est pas douteuse, répond qu'il agit sans ordre, que la sortie qu'il prépare est une simple reconnaissance, et que s'il rencontre un ennemi supérieur en nombre, il évacuera la ville. M. Calluaud, sans blâmer l'officier, trouve que la situation qui lui est faite, ainsi qu'à la ville, est des plus fausses. Depuis le 1er décembre, la direction de la défense appartient à l'administration municipale. Entend-on la rendre à l'autorité militaire ? Le préfet, puis le sous-préfet arrivent à leur tour. M. Calluaud leur fait remarquer ce qu'il y a d'anormal dans ce qui se passe, mais son observation est mal accueillie. Une discussion qui prend presque les crractères d'une altercation, s'engage entre MM. Calluaud et Lardière. Celui qui écrit ces lignes s'était aussi rendu, en qualité de capitaine de la garde nationale, à la porte Saint-Gilles ; il a assisté à cette discussion un peu trop vive, et en a conservé cette impression pénible, qu'il est toujours triste, de voir les représentants de l'autorité, compromettre à ce point leur dignité et leur prestige, surtout en présence des menaces de l'ennemi. Il n'est pas douteux que M. Calluaud avait raison. Le préfet ne devait pas rendre à l'autorité militaire la direction de la défense, alors surtout que les forces militaires, étant insuffisantes pour résister utilement, devaient évacuer la ville, à la première alerte un peu sérieuse, en laissant à la municipalité la tache ingrate d'une capitulation impossible à retarder. Au cours de cette discussion, le préfet avait déclaré à M. Calluaud qu'il le révoquait de ses fonctions de délégué.

Le même jour, dans la soirée, le conseil municipal se réunissait à l'hôtel de ville, et prenait à l'unanimité, la délibération suivante : « Les membres du conseil municipal soussignés ; considérant que dans la séance du 1er décembre 1870, le conseil municipal, appelé à se prononcer d'une manière précise, sur les limites et l'extension, qu'il convenait de donner à la défense de la ville, a pris la résolution suivante : « La défense de la ville sera
« placée entre les mains de l'administration municipale,
« qui sera seule juge, des mesures à prendre, pour sauve-
« garder l'honneur de la ville, et protéger ses intérêts. »

« Considérant que cette décision a été portée à la sous-préfecture, par M. le conseiller délégué, faisant fonctions de maire, assisté des quatre premiers conseillers inscrits au tableau ; que sur les explications données par le conseiller délégué, M. le préfet a déclaré, qu'étant donnée la situation, la défense était et devait rester municipale ;

« Considérant que la responsabilité de la défense, a été acceptée dans ces conditions, par l'administration municipale, qui a pris toutes les mesures nécessaires pour l'organiser ;

« Considérant que dès le lendemain même, au premier appel, la garde nationale d'Abbeville s'est rendue tout entière, aux postes de combat, qui lui avaient été assignés, et devant lesquels l'ennemi s'est présenté ;

« Considérant qu'aujourd'hui, 6 décembre, l'ennemi ayant été de nouveau signalé aux portes de la ville, M. le préfet et M. le sous-préfet ont annoncé publiquement l'intention d'enlever à la défense, son caractère primitif, en la remettant aux mains de l'autorité militaire ;

« Déclarent, vis-à-vis du changement radical dans le système de défense, décliner toute responsabilité ultérieure ;

« Les soussignés ajoutent que la conduite et les paroles de M. le conseiller délégué, en cette circonstance, sont complètement approuvées par eux, et ils entendent être solidaires avec lui, attendu qu'il n'a été que l'interprète exact et fidèle, de leurs sentiments.

« Abbeville, le 6 décembre 1870, à cinq heures du soir. »

Il était impossible aux conseillers municipaux, de donner à M. Calluaud une plus grande preuve de confiance et de dévouement. En effet, ils approuvaient, non seulement sa conduite, son attitude, mais encore ses paroles, même les propos qui avaient pu lui échapper, au cours d'une discussion qui avait été très vive. Cette attitude du conseil municipal impliquait un blâme formel de la conduite du préfet qui, d'ailleurs, le comprit ainsi, et qui, quelques jours plus tard, crut devoir, sans égard pour les intérêts de la ville où il avait trouvé asile, prendre une mesure radicale, contre le conseil municipal tout entier.

M. Calluaud donne l'ordre de doubler les postes de la garde nationale, pour la nuit du 6 au 7 décembre. Durant cette même nuit, arrivent à Abbeville, sous les ordres du chef de bataillon Frémiot, deux bataillons du 91e de ligne, deux pièces de canon avec des caissons, et trente chevaux. M. Lardière avait cru devoir, immédiatement après sa discussion avec M. Calluaud, demander l'envoi de ces troupes.

Le 7 décembre, il neige, et la ville se trouve couverte d'un blanc manteau. Les habitants se préoccupent des incidents de la veille, et M. Calluaud qui n'a pas encore reçu notification de l'arrêté le révoquant, envoie aux chefs de poste l'avis suivant :

« M. le chef de poste : jusqu'à nouvel ordre, les portes sont confiées à la garde nationale, qui ne doit les abandonner que sur un ordre *écrit*, signé du conseiller municipal faisant fonctions de maire. Quant aux troupes qui peuvent être envoyées par ordre du commandant militaire, je n'ai pas d'ordres à leur donner. Elles doivent rester étrangères au service de la porte qui est placée sous votre garde exclusive. Malgré le désir que j'en aurais, je ne peux pas me charger de leur procurer un abri. »

A deux heures de l'après-midi, on bat de nouveau la générale, les Prussiens sont, dit on, à Epagnette, au nombre de plusieurs centaines. Les mobilisés vont en reconnaissance, du côté du chemin de fer ; des soldats du 91e de ligne sortent de la ville par la porte Saint Gilles, mais ils ne voient pas de Prussiens : c'était encore une fausse alerte.

Le préfet est décidé à dissoudre le conseil municipal, il ne lui pardonne pas d'avoir soutenu M. Calluaud. Toutefois avant de prononcer cette dissolution, il cherche à s'assurer le concours d'hommes, pouvant faire partie d'une commission municipale, mais sa tentative échoue. En effet, tous ceux qu'il appelle, dans un louable sentiment de solidarité avec les conseillers municipaux, lui refusent leur concours.

Le 9 décembre, une circulaire du ministre de l'intérieur apprend à la France, que le siège du gouvernement est transféré de Tours à Bordeaux.

Le sous-préfet écrit à M. Calluaud, pour l'informer que, par dépêche, M. Tételin a investi le commandant Frémiot de toute l'autorité militaire, que par suite, la garde nationale se trouve placée sous ses ordres. Le maire prévient immédiatement par écrit, les chefs de poste, qu'ils auront désormais à obéir au commandant Frémiot. De son côté, celui-ci informe le maire que la garde nationale sera relevée le jour même, à midi, de la garde des portes, par la troupe de ligne et la garde mobile ; seuls, les pompiers continueront à monter la garde à l'hôtel de ville.

Ainsi qu'on vient de le voir les Abbevillois, laissés à eux-mêmes du 1er au 9 décembre, avaient vu, pendant ce temps, les Prussiens s'avancer à trois reprises, jusqu'aux portes de la ville et se replier précipitamment, et il n'est pas douteux que les mesures intelligentes et énergiques prises dans l'intérêt de la défense de la ville, et connues des ennemis, ont largement contribué à les tenir en respect.

Le même jour, on apprend que Rouen est également occupé.

Le 10 décembre, le préfet prend un arrêté, pour mobiliser la compagnie des gendarmes éclaireurs de la Somme, composée d'un commandant, un brigadier et 16 hommes.

Le même jour les Prussiens arrivent à Ailly-le-Haut-Clocher, au nombre de 3 à 400. Ils y couchent, et s'avancent le lendemain, jusqu'à Bellancourt, d'où ils envoient des reconnaissances près du moulin Boitel, sur le territoire d'Abbeville.

Les Prussiens sont à Dieppe, et on craint de les voir arriver par le Vimeu.

Le 11 décembre, à sept heures du matin, le conseiller délégué reçoit du commandant Frémiot la lettre suivante : « M. le maire, j'ai l'honneur de vous prier de vouloir bien réunir la garde nationale sédentaire en armes, pour concourir à la défense de la place, qui peut être attaquée ce matin. Aussitôt après la réunion qui aura lieu à sept heures et demie, MM. les gardes nationaux seront conduits aux postes et aux remparts, dans les positions suivantes : deux compagnies occuperont le front Nord de la place, du côté du faubourg du Bois ; une compagnie faisant suite, occupera le front Est, du côté du faubourg Saint-Gilles, jusqu'au magasin à fourrages ; une compagnie, de ce point à la porte du chemin de fer, jusqu'à l'extrémité du front Sud, et une autre occupant le front Ouest. Les gardes nationaux se placeront sur les banquettes et ne tireront qu'après la rentrée des troupes, dans la place, excepté cependant ceux qui, gardant les points faibles, ouverts, des fortifications, seraient exposés à être surpris. Défendre ces points faibles à outrance. » M. Calluaud transmet de suite cette lettre au commandant de la garde nationale, qui s'empresse de faire battre la générale. Les troupes se rendent aux remparts, des reconnaissances sortent de la ville, mais on ne découvre pas de Prussiens. Des barricades avaient été élevées à la hâte dans le faubourg Saint-Gilles, ainsi que sur les chemins que les Prussiens pouvaient suivre. Les esprits sont tellement enclins à voir partout des espions, que le bruit court que des officiers prussiens en civil, sont venus explorer les monts Caubert.

Les Français viennent de reprendre Ham et ont fait prisonniers, les 200 Prussiens qui s'y trouvaient.

Deux soldats prussiens, faits prisonniers près d'Ailly, traversent les rues d'Abbeville, et sont dirigés sur Lille.

Les relations entre la municipalité abbevilloise et la préfecture continuent à être très tendues. Le préfet essaie toujours, mais en vain, de trouver les membres d'une commission municipale. Malgré la révocation dont ils sont menacés, M. Calluaud et les conseillers municipaux continuent à s'occuper avec dévoûment, des intérêts de la ville.

Le conseil municipal a pris une délibération élevant de 5, à 7 0/0, le taux de l'intérêt de l'emprunt de 70,000 francs destiné à venir en aide aux ouvriers sans travail, et le préfet approuve cette délibération, à la date du 12 décembre.

Une troupe, de 5 à 600 mobilisés du Nord, arrive à Abbeville, venant de Lille.

Le capitaine-major de la place informe le maire, qu'à partir du 12 décembre, les portes de la ville seront ouvertes à cinq heures et demie du matin, et fermées à dix heures du soir, et que les individus munis d'un laissez-passer, délivré par le maire, pourront circuler librement.

De son côté M. de Revel, secrétaire général de la préfecture, adresse au maire la lettre suivante : « Abbeville, le 12 décembre 1870. M. le maire, je crois devoir vous informer qu'une dépêche, arrivée de Doullens, affirme que des troupes prussiennes ont été dirigées hier, de plusieurs points vers Ailly-le-Haut-Clocher, et ont dû y arriver cette nuit, pour attaquer Abbeville. D'autre part, les deux prisonniers faits hier, et transférés à Boulogne, ont avoué cette nuit, à M. le sous-préfet de Boulogne, qu'on attendait la nuit dernière, des forces sérieuses à Ailly-le-Haut-Clocher. Dans cette situation, il faut prévoir une attaque aujourd'hui, ou demain, et pour le *présent* je me suis demandé s'il ne serait pas possible de faire exécuter ce matin, d'*urgence*, les règlements sur le verglas, car un mouvement de troupes serait, en ce moment, impossible dans la ville, j'ai l'honneur, etc. »

Le 13 décembre, on bat de nouveau la générale parce que des Prussiens sont signalés à Pont-Remy. Un cheval de uhlan et deux prisonniers sont amenés à Abbeville. Une partie de la garde nationale est allée jusque dans les marais d'Epagne, sans rencontrer d'ennemis.

Une charrette entre dans la ville, amenant un individu que l'on a arrêté comme espion ; sur-le-champ son affaire est instruite.

Traduit devant la cour martiale, constituée le jour même, il est condamné à mort et fusillé quelques heures après, dans le fossé des fortifications, près du carré de six. Son acte de décès, dressé le lendemain, indique que c'était un nommé Emmanuel-Jules Paullier, né à Abbeville le 18 septembre 1840, et demeurant à Compiègne. Sa famille habitait le faubourg Rouvroy. Au moment où l'on instruisait son affaire, avec une précipitation regrettable, que peut seul excuser, dans une certaine mesure, l'espèce d'affolement où l'on était, une personne honorable du faubourg Rouvroy, Madame Degory-Letellier, déclarait dans une salle de l'Hôtel de Ville, à un groupe d'officiers de la garde nationale, que Paullier était un simple d'esprit, aux agissements duquel il ne fallait pas attacher beaucoup d'importance.

Le lieutenant-colonel Plancassagne, qui vient d'arriver à Abbeville, en qualité de commandant supérieur de la place, fait afficher, dans la soirée du 13 décembre, les avis suivants :

« Place d'Abbeville. Avis : Le lieutenant-colonel commandant supérieur, porte à la connaissance des troupes de la garnison et des citoyens d'Abbeville les dispositions suivantes : 1° la cour martiale remplace le conseil de guerre, en temps de paix ; 2° il n'y a lieu à cassation, des sentences rendues par la cour martiale ; 3° en cas de condamnation, la sentence sera exécutée le lendemain matin, en présence des troupes réunies sous les armes. Seront punis de mort, les crimes et délits suivants : assassinat, meurtre, désertion, embauchage. »

« Place d'Abbeville, état-major. Le lieutenant-colonel commandant supérieur, vu la loi du 9 juin 1857, sur les conseils de guerre en temps de paix, vu le décret du 2 octobre 1870, arrête : article unique, à dater de ce jour, la cour martiale est instituée. Abbeville, le 13 décembre 1870. »

« Place d'Abbeville, cour martiale. — La cour martiale d'Abbeville, constituée conformément au décret du 2 octobre 1870, a condamné hier, à la peine de mort, le nommé Paullier Jules, pris en flagrant délit d'espionnage ; l'exécution a eu lieu, le même jour, dans l'un des fossés de la place. Le lieutenant-colonel commandant supérieur de la place d'Abbeville : D. PLANCASSAGNE. »

Le commandant Plancassagne aurait voulu intimider les Abbevillois, qu'il n'aurait pas agi autrement. En effet, le même jour, il institue la cour martiale, traduit devant elle, un prétendu espion, obtient sa condamnation à mort, et il le fait fusiller sur-le-champ, au mépris de la disposition qu'il vient d'édicter lui-même, qui porte qu'en cas de condamnation, la sentence ne doit être exécutée que le lendemain matin. Tout cela dénote chez cet officier supérieur improvisé, un singulier état d'esprit.

Mais ce n'est pas tout, le même jour, 13 décembre, il fait afficher sur les murs de la ville la proclamation suivante : « Officiers, sous-officiers, soldats et citoyens d'Abbeville. Appelé au commandement supérieur, je veux, en peu de mots, vous faire connaître la conduite à tenir, par nous tous et pour le salut de tous. L'ennemi est à nos portes, et, pour le repousser victorieusement, il nous faut, outre des hommes, des armes et des munitions ; le courage et le patriotisme ; que les trembleurs et les lâches se retirent le plus promptement possible ; pas de faiblesse, pas d'hésitation, et que les traîtres prennent garde à eux, je possède des moyens de répression qui seront une leçon pour les autres. La ville ne se rendra pas, tant qu'il nous restera une cartouche et un biscuit. La France républicaine qui peut seule nous régénérer, a besoin du concours énergique de tous ses enfants. Sauvons-la donc, sachons mourir, s'il le faut, pour la sainte cause, et dignes héros de 92, nous aurons acquis la gloire incomparable, d'avoir bien mérité de la patrie ! Abbeville, le 13 décembre 1870. Le lieutenant-colonel commandant supérieur de la place : D. PLANCASSAGNE. »

Il paraît que ce nouveau commandant de la place d'Abbeville, ancien sergent d'infanterie de marine, était commis de marine de 3e classe à Dunkerque, et tenait un cabaret dans cette ville, sous le nom de sa femme. Il s'était trouvé subitement élevé, au grade d'officier supérieur, sans autre titre que la protection, alors toute-puissante, du docteur Tételin, et du fameux général Robin, dont les infortunes à l'armée du Nord sont légendaires. Ce pseudo-militaire, qui paraît être arrivé parmi nous, avec une assez mauvaise opinion de la bravoure, et du patriotisme des Abbevillois, aurait pu se renseigner sur les véritables sentiments de nos concitoyens. Il lui eut suffi pour cela de se faire rendre compte des mesures déjà prises, dans l'intérêt de la défense ; il aurait appris ainsi, que les Abbevillois avaient toujours été, mais sans jactance inutile, fermement résolus à se défendre, et il aurait évité d'insérer dans sa proclamation, ces phrases aussi déplacées que sonores : « Que les trembleurs et les lâches se retirent... que les traîtres prennent garde à eux, etc. » Quelle raison, en effet, de supposer si vite et si facilement, qu'il existait des lâches et des traîtres parmi les officiers, sous-officiers, soldats et habitants d'Abbeville. Les Abbevillois dont le patriotisme était ainsi suspecté, furent vivement blessés par cette singulière proclamation, et les rapports qui existèrent entre la population et le colonel Plancassagne, s'en ressentirent durant tout son séjour à Abbeville.

Le 14 décembre, arrivent à Abbeville, quelques mobilisés et des artilleurs, avec douze petites pièces de montagne.

Les troupes continuent à faire des reconnaissances hors de la ville.

Les conseillers municipaux, aidés de quelques hommes de bonne volonté, délivrent toujours à la mairie des permis de circuler, destinés aussi bien aux personnes du dehors, qui viennent à Abbeville pour leur travail ou leurs affaires, qu'aux habitants de la ville.

Le 15 décembre, le préfet Lardière prononce la dissolution du conseil municipal, par un arrêté dont voici la teneur: « République française, liberté, égalité, fraternité. Nous, préfet de la Somme, vu la délibération du conseil municipal d'Abbeville, en date du 6 décembre courant, vu notre rapport au commissaire général de la défense dans la région du Nord, en date du 7 décembre du même mois, vu les ordres formels du commissaire général ;

« Arrêtons : Article 1er, le conseil municipal de la ville d'Abbeville est dissous. — Art. 2, M. Drincourt, secrétaire de la mairie, est nommé officier municipal provisoire. — Art. 3, une commission municipale sera ultérieurement désignée. — Art. 4, M le sous-préfet d'Abbeville est chargé de l'exécution du présent arrêté. Fait à Abbeville, le 15 décembre 1870, le préfet de la Somme : J. LARDIÈRE. »

Bien qu'il ne lui eut pas été possible, malgré de nombreuses tentatives, de former une commission municipale ; bien que les refus qu'il avait essuyés, et l'attitude des habitants, eusssent été de nature à lui montrer que les Abbevillois désiraient le maintien du conseil municipal, le préfet, qui n'oublie pas l'attitude de ferme indépendance de M. Calluaud, et qui ne pardonne pas au conseil municipal, de s'être solidarisé avec lui, ne craint pas, à l'un des moments les plus critiques qu'Abbeville ait jamais traversés, de dissoudre un conseil municipal composé d'hommes intelligents et dévoués, et de compromettre gravement les intérêts de la cité, en chargeant de tout le fardeau de l'administration, le secrétaire de la mairie et en lui confiant la difficile et délicate mission de résoudre seul, les nombreuses et importantes questions, qui surgissaient à chaque instant.

Dans une brochure que fit paraître, en 1900, M. Louis Greux fils, intitulée : *Abbeville et son arrondissement en 1870-1871*, nous lisons que le conseil municipal a été dissous parce que « le maire d'alors, M. Calluaud, s'était montré opposé à ce que la ville se défendît et supportât un siège. » Mais c'est là une inexactitude qui, venant d'un Abbevillois, a lieu de surprendre. En effet, tous ceux qui, à cette époque troublée, ont été simplement au courant des évènements, savent fort bien, ainsi que nous l'avons déjà dit, que si le conseil municipal a été dissous, c'est parce qu'il a approuvé l'attitude prise par M. Calluaud vis-à-vis du préfet, dans la journée du 6 décembre ; ils savent aussi que M. Calluaud, d'accord en cela avec le conseil municipal, était d'avis de résister vigoureusement, si on donnait à la ville les éléments d'une défense sérieuse, c'est-à-dire des hommes et des canons ; mais qu'au moment où Abbeville fut privée de garnison, il pensait que tenter la résistance contre l'artillerie ennemie, avec les seules forces de la garde nationale, serait une folle témérité, et nous ajouterons que beaucoup de bons esprits, parmi les officiers eux-mêmes, appréciaient ainsi la situation.

On conduit à la caserne tous les chevaux de selle, harnachés, on les essaie et une commission les estime.

Les habitants des communes rurales, détenteurs de fusils et de munitions, les apportent à la mairie d'Abbeville.

Un ordre du commandant Plancassagne porte que « tous les anciens artilleurs mariés ou non, sont priés de vouloir bien se présenter à l'hôtel de ville, munis de leurs papiers, s'ils veulent faire le service de quelques-unes des pièces d'artillerie qui sont dans la place ; il sera alloué à ceux qui seront admis une indemnité journalière, eu égard aux services qu'ils pourront rendre. »

Au moment de la prise d'Amiens, le personnel du génie à Abbeville consistait en un garde du génie et un portier consigne.

Lorsqu'il fut décidé qu'Abbeville devait résister et soutenir au besoin un siège en règle, on trouva ce personnel insuffisant. Le ministre de la guerre envoya à Abbeville, le capitaine du génie de Lagrené. Cet officier était capitaine à titre auxiliaire. Il s'était mis à la disposition du ministre de la guerre, bien qu'il fut par son âge dispensé du service. C'était un ingénieur distingué qui avait été, quelques années auparavant, chargé du service des ponts et chaussées de l'arrondissement d'Abbeville. Il se trouvait ainsi, posséder une connaissance parfaite de la topographie des environs de la ville. Ce choix était des plus heureux, car M. de Lagrené qui, par suite de ses fonctions, avait eu autrefois des rapports suivis avec les entrepreneurs, put obtenir d'eux que les travaux de défense, poussés activement, fussent terminés dans un bref délai.

Le 17 décembre, le préfet s'établit dans le pavillon du génie, place Saint-Pierre ; mais, quelques jours plus tard, il s'installe rue Saint-Gilles, n° 123, dans une maison où ont demeuré beaucoup d'officiers, ce qui lui a valu le nom d'« hôtel des Mousquetaires. »

Un certain nombre d'habitants se plaignent dans les journaux, de loger bien souvent des soldats, tandis que d'autres, disent-ils, sont dispensés de cette charge. La question des logements militaires est si complexe, qu'elle donne toujours lieu à des réclamations.

On apprend qu'une colonne de 7,000 Prussiens vient

d'arriver à Amiens, pour renforcer la petite garnison qui s'y trouve, et qui ne serait pas en mesure de résister à une attaque de Faidherbe, dont l'armée continue à tenir l'ennemi en échec.

Un arrêté du préfet porte qu'une souscription publique est ouverte, dans toutes les communes du département, afin de secourir les familles nécessiteuses ayant souffert de l'invasion.

Un dernier avis prescrit aux hommes appartenant, soit à la mobile, soit au premier ban de la garde nationale mobilisée, de se rendre, avant le 25 décembre, à la disposition des autorités locales, pour être dirigés sur leurs corps respectifs, sous peine d'être considérés comme réfractaires.

Le 18 décembre, il est procédé à l'élection d'un commandant de la garde nationale. C'est M. Calluaud qui est élu. Ce vote est une protestation contre l'arrêté préfectoral du 15 décembre, qui a dissous le conseil municipal. Mais le jour même, le préfet prend un arrêté ainsi conçu : « Considérant qu'il est urgent de réorganiser la garde nationale d'Abbeville, sur des bases démocratiques ; arrête : Article 1er, la garde nationale d'Abbeville est dissoute. — Art. 2, la garde nationale d'Abbeville sera immédiatement reconstituée, sur les bases de la loi du 13 juin 1851. — Art. 3, M. l'officier municipal provisoire de la ville d'Abbeville est chargé de l'exécution du présent arrêté. Fait à Abbeville, le 18 décembre 1870 : J. Lardière. »

La lutte continue donc entre MM. Lardière et Calluaud. Il est profondément triste de voir, qu'à propos d'une querelle personnelle, le préfet s'expose à compromettre les intérêts de la défense nationale ainsi que ceux de la ville. Les Prussiens peuvent se présenter devant Abbeville, d'un moment à l'autre, et M. Lardière supprime la garde nationale, qui aurait pu fournir un appoint précieux, en cas de résistance. Il est vrai que l'arrêté de dissolution dit, qu'il est urgent de réorganiser cette garde nationale *sur des bases plus démocratiques*, mais par une coïncidence bizarre, cette urgence n'est reconnue, qu'à l'instant même, où M. Calluaud est élu commandant ! Des Abbevillois s'indignent, et veulent organiser une manifestation publique, qui serait tout à la fois un témoignage de sympathie pour M. Calluaud, et une protestation contre le nouvel arrêté du préfet, mais M. Calluaud lui-même, demande qu'on renonce à cette manifestation. Les anciens conseillers municipaux se réunissent, et décident d'envoyer deux d'entre eux, auprès de M. Testelin, pour lui expliquer les faits, et pour lui faire connaître l'émotion légitime qu'ils ont produite dans la ville.

Malgré la fausseté évidente des allégations du commandant Plancassagne, ses imputations calomnieuses ont fait leur chemin et ont même trouvé créance auprès d'un historien sérieux. En effet, dans l'édition de 1897, de son intéressante histoire de la *Campagne du Nord*, M. Pierre Lehautcourt, dont la bonne foi n'est pas douteuse, écrit ceci : « Abbeville évacué par la garnison le 2 décembre,
« à la suite de la bataille d'Amiens, fut réoccupé le 3, par 3
« compagnies du premier bataillon des mobilisés de la
« Somme. La ville, ancienne place forte, déclassée depuis
« peu, avait encore son mur d'enceinte, dont quelques
« barricades fermaient les issues. Un peloton de uhlans
« envoyé en reconnaissance (5 décembre) se présente
« devant l'une d'elles ; l'officier de la garde nationale, chef
« de poste, défendit de tirer : l'un des cavaliers mit pied
« à terre, et vint narguer (1) les défenseurs au pied
« même de la barricade, après quoi chacun tourna bride.
« Les journaux allemands tirèrent de cet incident le
« parti que l'on devine, on s'émut à Lille, non sans
« raison. La garde nationale d'Abbeville fut licenciée,
« comme il n'était que justice, et une garnison plus

---

(1) « Si le langage de l'auteur de Pantagruel et de Gargantua était encore de mise, nous dirions que le cavalier prussien compissa aigrement la barricade gardée par les soldats citoyens. »

« sérieuse fut donnée à la ville (2), celle-ci était des-
« tinée à nous rester jusqu'à l'armistice. »

Pour montrer l'erreur dans laquelle est tombé M. Lehaut-court, il nous suffira pour ainsi dire, d'opérer un simple rapprochement de dates. La garnison d'Abbeville a été renforcée dès le 7 décembre et non le 6, bien avant le licenciement de la garde nationale, et non après, ainsi que cela semble résulter de l'extrait que nous venons de donner. Le conseil municipal a été dissous le 15 décembre. L'incident de la porte Saint-Gilles s'est produit le 6 au lieu du 5. Douze jours plus tard, le 18 décembre, la garde nationale est si peu dissoute, que les officiers se réunissent, en vertu d'un arrêté du préfet, pour élire un commandant, mais comme c'est M. Calluaud, peu sympathique au préfet, qui est élu, celui-ci prend de suite un arrêté ordonnant son licencîment et sa reconstitution sur des bases plus démocratiques. Il est bien certain que la garde nationale a été dissoute, uniquement, parce qu'en élisant M. Calluaud, elle a fait un acte d'indépendance, que le préfet a considéré comme un acte d'hostilité personnelle.

Les locaux pour loger les troupes faisant défaut, les bâtiments de l'école Saint-Stanislas sont transformés en caserne. — La maison de Mademoiselle de Frières, rue Millevoye, est aménagée pour servir d'ambulance.

Le commandant Plancassagne était, paraît-il, un assez piètre cavalier, il montait un cheval de réquisition ; or, pendant une revue, ce cheval s'emporta, et le fit défiler devant ses soldats, dans une attitude qui n'était pas précisément celle du commandement ; cette course folle se termina par la chute du cavalier, sur le pavé de la rue Saint-Vulfran, chute qui obligea le commandant supérieur de la place d'Abbeville à conserver un repos absolu, pendant huit à dix jours.

(2) « Le 6 décembre, un bataillon du 91e, un bataillon de mobiles du Pas-de-Calais, un bataillon de mobilisés du Nord. »

Le lieutenant de vaisseau Bertrand, chevalier de la Légion d'honneur, blessé à Dury, où il commandait une batterie d'artillerie de marine, vient de mourir à l'Hôtel-Dieu. Le préfet décide que ses funérailles auront lieu aux frais du département. M. Courbet-Poulard, se conformant au désir exprimé sur son lit de mort, par le lieutenant Bertrand, dont la famille habitait une région occupée par l'ennemi, fait publier dans les journaux locaux, un avis invitant le public aux obsèques, qui sont célébrées à Saint-Vulfran, en grande pompe, et au milieu d'une affluence considérable.

A la date du 20 décembre, le commandant Plancassagne prend un arrêté par lequel il décide « que tous les crimes « et délits dont il ne jugera pas à propos, de laisser la « connaissance aux tribunaux ordinaires, seront jugés « par les tribunaux militaires, quelle que soit la qualité « des prévenus. »

Par cet arrêté, que rien ne paraît avoir justifié, cet ancien sous-officier s'arrogeait, au mépris de toutes les lois, un pouvoir discrétionnaire absolu. Une aussi violente mesure faisait involontairement songer aux plus mauvais jours de la Terreur.

Le 22 décembre, quatre Prussiens faits prisonniers à la Chaussée Tirancourt, sont amenés à Abbeville, où arrivent au même moment, 1,500 mobilisés du Nord.

La Cour martiale condamne un étranger à la ville, à dix ans de travaux forcés, sous l'inculpation d'avoir entretenu des intelligences avec l'ennemi.

Une dépêche affichée dans la ville le 23 décembre, annonce qu'une affaire sérieuse est engagée près de Querrieu. Dans les environs d'Abbeville, on entend le canon ; il s'agissait de la bataille de Pont-Noyelles, qui ne fut pas une rencontre fortuite, comme celle d'Amiens, mais bien plutôt une bataille rangée, dont Amiens était le prix. Elle fut sanglante et la victoire resta indécise. Les Français comptaient 34 à 35,000 hommes. Les Allemands étaient au nombre de 27 à 28,000. Manteuffel ne jugeait pas possible de forcer nos lignes ; malheureusement, Faidherbe, dont les troupes mal équipées et mal vêtues étaient anéanties par un froid rigoureux, dut ordonner la retraite. C'était une retraite honorable, après une bataille glorieuse ; mais Amiens restait aux mains de l'ennemi, qui demeurait ainsi maître d'une grande partie de la ligne de la Somme. Le même jour, à deux heures, la générale bat de nouveau à Abbeville où l'on dit que les Prussiens se trouvent à Longpré.

Le 24, on bat encore la générale. Les Prussiens, dit-on, sont arrivés à Bellancourt et à Longpré ; cependant les mobilisés ne sortent pas de la ville.

Un certain nombre d'Abbevillois partent avec la Croix de Genève, pour Doullens, dans le but de donner leurs soins, aux Français blessés à Pont-Noyelles ; ils rentrent deux jours plus tard, en rapportant que l'armée du général Faidherbe s'est repliée sur Arras, et que tous les blessés sont bien soignés dans les villes du Nord.

M. Plancassagne défend de sonner les offices de Noël, afin d'éviter toute confusion, avec les avertissements qui pourraient être donnés par les cloches, en cas d'incendie

Après s'être assurés la possession d'Amiens, les Allemands voulurent s'assurer celle de Péronne. Tant que cette ville était au pouvoir des Français, elle leur donnait un débouché sur la rive gauche de la Somme, ce qui leur permettait de menacer le chemin de fer de Reims-Tergnier-Amiens. Le 27 décembre, Péronne était investie. Elle n'avait pour défense qu'une ceinture de fortifications ; sa garnison était de 3,464 hommes avec 45 pièces de canon, sous les ordres du commandant Garnier, brave officier qui avait fait ses preuves en Crimée ; dès la nuit du 28 au 29, les Prussiens commencèrent à la couvrir d'une pluie d'obus, 10 projectiles à la minute ; ce fut une nuit épouvantable, pendant laquelle on ne pouvait même pas éteindre les incendies allumés par l'explosion des projectiles. Le bombardement dura dix jours : sur les 7 à 800 maisons que contenait la ville, 82 furent détruites, et 600 endommagées, 13 soldats furent tués et 15 blessés, les habitants comptèrent également 5 tués et 30 à 40 blessés. La capitulation fut signée le 10 janvier. Si le commandant Garnier avait résisté deux ou trois jours de plus, il aurait probablement sauvé la place, mais, ainsi que le fait remarquer le commandant Rousset, « le général Faidherbe, de son côté, aurait pu, sans trop se risquer, lui donner un concours plus efficace que celui, dont à Bapaume, il n'a fait que lui donner l'illusion. »

Péronne, célèbre par la captivité de Louis XI et un siège glorieux soutenu, en 1536, contre le duc de Nassau, et qui n'avait jamais été prise, a été l'une des plus malheureuses et des plus intéressantes victimes de la guerre. Une compagnie des mobiles d'Abbeville faisait partie de la garnison qui fut faite prisonnière.

Le 25 décembre M. Plancassagne, à peu près remis de sa chute, passe, à pied, dans la rue Saint-Gilles, une revue de tous les mobilisés.

Dans une séance du 26 décembre, la Cour martiale condamne un soldat du 91ᵉ de ligne, à deux ans de prison, pour abandon volontaire d'armes.

Les Prussiens se montrent tous les jours à Picquigny, Hangest, Longpré et même plus près d'Abbeville. Dans la nuit du 27 au 28 décembre, ils rétablissent le pont du chemin de fer sur la Somme, à Picquigny, qui avait été détruit un mois auparavant.

Sur une convocation, signée du Comte de Riencourt, membre du Comité central de la Société de Secours aux Blessés militaires de terre et de mer, une réunion a lieu le 27 décembre, au Palais de Justice, afin d'essayer de constituer à Abbeville, un Comité de cette Société. Ce Comité est formé, et à la date du 30 décembre, son bureau est ainsi constitué : Président, M. de Riencourt ; vice-président, M. Ernest Prarond ; secrétaire, M. Ch. Paillart ;

trésorier, M. Rosselet ; le siège de la Société est fixé chez M. Paillart, rue Pados, 10.

Le 27 décembre, à deux heures, la générale se fait entendre ; il paraît que des Prussiens sont à l'Etoile.

On apprend que par un décret, daté de Bordeaux, 25 décembre, le gouvernement a dissous les conseils généraux et les conseils d'arrondissement. Les conseils généraux seront remplacés par des commissions départementales, constituées par le gouvernement, sur propositions faites par les préfets.

Il est procédé à une nouvelle réquisition des chevaux qui n'ont pas encore été pris.

Le préfet n'a pas abandonné son projet de former une commission municipale, mais toutes ses tentatives échouent. Par suite, M. Drincourt, secrétaire de la mairie, continue à rester seul chargé de l'administration de la ville.

Depuis qu'Amiens était occupé par l'ennemi, les communications entre cette ville et Abbeville étaient devenues très difficiles ; en dehors de quelques voitures particulières, deux omnibus faisaient, tous les jours, le trajet entre les deux villes ; les habitants d'Amiens se trouvaient pour ainsi dire complètement privés de nouvelles, et ils cherchaient à se procurer les deux journaux d'Abbeville, l'*Abbevillois* et *le Pilote*, qui étaient peut-être alors, les seules feuilles paraissant dans le département. Les conducteurs des omnibus emportaient donc un certain nombre de ces journaux, mais comme les Allemands essayaient de saisir toutes les dépêches, il fallait user d'une grande prudence pour les faire parvenir à destination. Du reste on n'allait d'Abbeville à Amiens, que lorsqu'il y avait absolue nécessité ; un messager se rendait aussi à Amiens toutes les semaines, il prenait la correspondance ou les colis, et moyennant une rétribution de un franc environ par commission, il se chargeait du transport, mais sans aucune garantie bien entendu. Souvent les voitures étaient arrêtées et minutieusement visitées. Parfois même les uhlans ne craignaient pas de faire déshabiller les voyageurs, afin de s'assurer qu'ils ne transportaient ni dépêches, ni armes ou munitions.

Le préfet prussien de la Somme, Sulzer, a repris son poste d'intendant en chef de l'armée, il est remplacé à Amiens par le comte Lehndorf Steinort, aux termes d'un arrêté pris à la date du 26 décembre, par le baron de Manteuffel, général en chef de la première armée.

Un arrêté signé Lardière, porte que les deux compagnies de pompiers de la ville d'Abbeville, formeront désormais une seule compagnie, purement municipale, indépendante de la garde nationale dont l'effectif total est fixé à 250 hommes. La compagnie sera formée de deux subdivisions de 125 hommes chacune : la première comprenant 100 hommes de la ville et 25 hommes du faubourg du Bois ; la seconde subdivision se composant de 44 hommes des faubourgs Rouvroy, Sur-Somme et Mantort, 25 hommes des faubourgs Menchecourt, Thuison et la Bouvaque, 32 hommes du faubourg Saint-Gilles, et 24 hommes des faubourgs de la Portelette et des Planches.

Depuis quelques jours, les allées et venues des troupes ennemies, aux abords de Longpré, faisaient craindre une attaque de ce bourg, où se trouvait un détachement français de 500 hommes environ, composé de soldats du 4e bataillon des mobiles du Pas-de-Calais, et du 2e bataillon de la 6e légion mobilisée du Nord. Les mobilisés étaient armés du fusil à piston modèle 1842, et n'avaient pas beaucoup de confiance dans cette arme. Le 27 décembre une escarmouche avait eu lieu entre Condé-Folie et l'Etoile : un Prussien fut tué, deux furent blessés ; on prétendit même que les pertes des Prussiens furent plus importantes. L'ennemi qui avait pour objectif la prise d'Abbeville, résolut de faire disparaître l'obstacle qu'il rencontrait à Longpré. Le 28 décembre, il essaya, avec une troupe de 2,500 hommes environ, commandée par le colonel Pestel, d'envelopper le village, afin de faire prisonnier le détachement français, qui la veille, avait reçu quelques renforts, et dont l'effectif se trouvait porté à environ 800 hommes. Les Français s'attendaient à voir arriver l'ennemi par le chemin qui, venant d'Amiens, suit la vallée de la Somme; mais, contrairement à toutes prévisions il débouche du côté d'Airaines, c'est-à-dire par les hauteurs. Il était une heure de l'après-midi lorsqu'on l'aperçut; son centre s'appuyait sur le chemin d'Hallencourt. Les Français, secondés par quelques habitants de Longpré opposent une résistance intrépide mais après s'être battus pendant près de deux heures, écrasés par le nombre, menacés d'être tournés, et d'être tous faits prisonniers, ils sont obligés de se retirer devant un ennemi trois fois supérieur en nombre; toutefois, ils ne le font qu'en luttant énergiquement.

A Longpré, comme presque partout, les Prussiens se montrèrent impitoyables et inhumains. Voici quelques faits qui justifient amplement cette assertion : Dans une ambulance improvisée près de l'église, au café Moy, se trouvait un mobile blessé, qu'entouraient deux médecins militaires, le cafetier M. Moy et sa fille ; quatre Prussiens arrivent et fusillent, à bout portant, le malheureux mobile, puis ils dirigent leurs armes contre les deux médecins, qui heureusement évitent les balles tirées sur eux. Un berger, Constant Dulin, qui voulait rentrer chez lui, pendant que les Prussiens y perquisitionnaient, est mis à mort. M. Achille Gabry, boulanger, occupé à son pétrin, est jeté hors de sa maison, et fusillé sur le pas de sa porte ; une femme Joséphine Joly, épouse Miannay, veut défendre son mari, qu'on maltraite, les Prussiens la tuent; Jean Pilvoix qui s'était réfugié dans son grenier, est jeté en bas de ce grenier et est frappé à mort ; deux gardes mobiles blessés, abrités dans un hangar, y sont massacrés, à un moment où le combat était fini; un médecin, M. Dransart, se voit enlever une partie de ses instruments et une somme de 400 francs.

Les soldats français avaient eu 8 morts et 12 à 15 blessés, dont plusieurs succombèrent à leurs blessures ; on ne sait au juste quelles furent les pertes des Prussiens ; on l'évalue à 70 hommes mis hors de combat, et ce chiffre ne paraît pas exagéré, quand on songe qu'un certain nombre d'habitants de Longpré, bons tireurs, ont fait assez longtemps le coup de feu, embusqués derrière des bâtiments, ce qui leur permettait d'atteindre souvent leur but.

Les Français laissèrent aux mains de l'ennemi, environ 200 prisonniers. Les Prussiens annoncèrent leur victoire par une dépêche, comme toujours, empreinte d'exagération : ils disaient avoir battu 3 bataillons de gardes mobiles, avoir pris 3 drapeaux, 10 officiers et 230 hommes, et ils n'avouaient que 6 blessés. — Les trois drapeaux en question n'étaient autres que ceux de la mairie, des pompiers et d'une ambulance. Leur conquête avait été facile et c'étaient des trophées peu glorieux.

Un peu après quatre heures de l'après-midi, les ennemis quittaient Longpré, par le chemin d'Airaines, emmenant leurs prisonniers, et parmi eux, 22 habitants de ce bourg, que, dans leur colère, ils menaçaient de fusiller. Il était environ six heures, quand ils arrivèrent à Airaines ; ils parquèrent leurs prisonniers dans l'église. On était très inquiet sur le sort qui attendait les habitants de Longpré. Dès l'arrivée de la colonne ennemie, M. le Curé d'Airaines avait essayé, mais sans succès, d'intercéder pour eux, auprès du colonel von Pestel. Le lendemain matin, il se rendit de nouveau auprès du chef prussien et insista vivement en leur faveur ; il obtint d'abord la grâce d'un vieillard, dont les forces physiques ne permettaient guère de prétendre qu'il s'était battu. Puis un peu plus tard, lorsque les troupes, formées en colonne, allaient partir, il saisit le moment où le colonel parut à cheval, au milieu de ses officiers, pour donner le signal du départ, et lui rappela sa promesse de rendre la liberté au vieillard : « Eh bien, lui fut-il répondu, prenez le, il est à vous. — Mais, reprit le curé, avec une extrême énergie, ce n'est pas cet homme seulement, que vous consentirez à me rendre, colonel, je vous demande instamment tous les autres avec lui,... consentez à pardonner et à faire le bien que j'implore de vous. » Après quelques secondes d'hésitation, le colonel lui dit : « Eh bien, prenez-les. » Ce fut un long cri dans la foule : « ils sont délivrés ! »

M. le Curé d'Airaines était l'abbé Roussel, depuis devenu curé de Saint-Jacques d'Abbeville, de 1876 à 1887.

Un monument, élevé dans le cimetière de Longpré, indique l'endroit où reposent les victimes des Prussiens.

Tous les ans par les soins du Comité du Souvenir Français d'Abbeville, et de la Société la Fraternelle de Longpré, on célèbre avec éclat, à Longpré-les-Corps-Saints, l'anniversaire de ce combat, où les Français furent, comme toujours, écrasés par le nombre, mais qui donna lieu, de leur part, à plus d'un trait de bravoure, et qui permit aux habitants de Longpré, de montrer leur patriotisme.

CHAPITRE V

Du combat de Longpré à l'armistice
28 décembre — 28 janvier.

Le préfet, le commandant supérieur, le sous-préfet, les membres du Tribunal civil, du Tribunal de commerce, de la Chambre de commerce et l'officier municipal provisoire, informent les habitants, qu'en raison des circonstances, ils ne recevront, et ne rendront aucune visite, à l'occasion du jour de l'an.

L'Abbevillois ouvre une souscription, pour employer les frais d'envoi de cartes de visite et des étrennes, à secourir les prisonniers malades, et les communes du département ravagées par la guerre.

Le préfet a renoncé à former une commission municipale. Le 30 décembre, il prend un arrêté ainsi conçu : « Considérant que la ville d'Abbeville n'a pas de conseil municipal ; qu'il n'a pu encore être pourvu à la nomination d'une commission administrative ; que les circonstances exigent une représentation immédiate des intérêts de la ville ; attendu l'urgence ; Arrête : Article 1er. Une commission de dix membres est adjointe temporairement à M. l'Officier municipal provisoire de la ville d'Abbeville. — Article 2. La commission sera désignée par le sort, sur une liste formée des trente citoyens les plus imposés, actuellement présents dans la ville. — Article 3. En raison de la gravité des circonstances, aucun motif d'excuse ne sera admis. — Article 4. M. le Sous-Préfet d'Abbeville et M. l'Officier municipal provisoire de cette ville sont chargés, chacun en ce qui le concerne, de l'exécution du présent arrêté. Fait à Abbeville, le 30 décembre 1870. Le Préfet de la Somme, J. LARDIÈRE. »

Le préfet adresse en outre aux Abbevillois, la proclamation suivante : « Habitants d'Abbeville, mon seul but en dissolvant la garde nationale a été d'augmenter le nombre de vos défenseurs. Si la garde nationale est dissoute, elle n'est pas désarmée. Je fais donc appel à tous, aussi bien aux gardes nationaux et à leurs chefs, qu'aux volontaires qui n'auront qu'à s'incorporer dans les compagnies de leurs quartiers respectifs. Le commandement en chef appartiendra au plus ancien capitaine. La défense de votre ville, dans la mesure du possible, peut aider puissamment aux mouvements de l'armée du Nord. Abbevillois, faisons tous notre devoir. Vive la France, vive la République. Le Préfet de la Somme, J. LARDIÈRE. »

En apprenant le résultat du combat de Longpré, l'émotion fut vive à Abbeville ; on craignait que les Prussiens ne suivissent nos troupes en fuite jusque sous nos murs ; le colonel Pestel qui paraît avoir connu cette crainte des Abbevillois, voulut essayer d'en profiter ; il partit de Picquigny le 30 décembre de grand matin, avec une colonne de 2,000 hommes, et arriva à Saint-Riquier, vers deux heures après midi ; il avait le projet de tenter un coup de main sur Abbeville ; il envoya de suite dans cette ville trois uhlans, dont un lieutenant, un sous-officier et un trompette, porteurs du drapeau parlementaire. Ces trois uhlans qui s'étaient fait accompagner par M. Canut, de Saint-Riquier, pris à titre d'otage (1), se présentent vers quatre heures à la porte du Bois et demandent à entrer dans la ville

---

(1) Les Prussiens avaient demandé au maire de Saint-Riquier un notable de la commune pour accompagner le parlementaire jusqu'à Abbeville. Ce notable d'abord, puis la commune, devaient répondre des surprises dont pourraient être victimes les parlementaires, qui craignaient surtout les francs-tireurs, pouvant se trouver dans le bois de Saint-Riquier. Des renseignements que M. Canut a eu l'obligeance de nous donner, il résulte que nos trois Prussiens n'étaient pas d'une très

comme parlementaires. On conduit les deux officiers, les yeux bandés, à la sous préfecture, où le préfet Lardière s'était établi après la prise d'Amiens. Ils demandent la reddition de la place, en promettant des conditions très douces. On ajourne la réponse au lendemain matin. Des bruits contradictoires et alarmants circulaient dans la ville. Selon les uns, la colonne prussienne était forte de 500 hommes seulement, et n'avait pas de canons; selon d'autres, elle était de plus de 2,000 hommes pourvus d'artillerie. Notre garnison, paraît-il, n'atteignait pas 2,000 hommes. La garde nationale était dissoute et toute notre artillerie avait été dirigée le matin sur Arras, où Faidherbe concentrait ses troupes. Il ne nous restait qu'une mitrailleuse d'un nouveau système, fournie récemment par un inventeur de Gamaches, mais qu'on n'avait pas encore essayée. Afin de gagner du temps, on envoya deux parlementaires, dont un capitaine qui parlait allemand, auprès du colonel Pestel, à Saint-Riquier, sous prétexte de demander quelles seraient les conditions de la capitulation, mais, en réalité, pour essayer de savoir quelles étaient exactement les forces ennemies. Nos parlementaires quittèrent Abbeville vers cinq heures. Ils furent reçus courtoisement par le colonel Pestel, qui les retint dans un café, et qui les laissa repartir le lendemain matin, à quatre heures, sans qu'ils eussent rien vu ni rien appris. Le colonel Pestel faisait dire au commandant Plancassagne, qu'il n'avait aucune condition particulière à imposer pour la capitulation, mais que la garnison serait prisonnière, à l'exception des officiers, qui s'engageraient à ne plus servir pendant la guerre.

Aussitôt l'arrivée des uhlans à Abbeville, le comman-

---

grande bravoure, ils voyaient des francs-tireurs partout : ainsi en arrivant au bois de Saint-Riquier, ils s'arrêtent brusquement. L'officier s'écrie : franc-tireur ! C'était un cantonnier portant sa pelle sous le bras. Ces parlementaires, toujours accompagnés de M. Canut, rentrèrent à minuit à Saint-Riquier.

dant Plancassagne avait télégraphié au général Faidherbe. Le sens de sa dépêche était celui-ci : « Si vous ne nous envoyez pas cette nuit du renfort, nous allons être obligés de capituler. » Le colonel de Villenoisy, chef d'état-major du général Faidherbe, répondit à Plancassagne par un télégramme disant, que sa dépêche était une forfaiture, qu'il ne fallait capituler sous aucun prétexte, et qu'on allait envoyer des renforts. Le commandant Plancassagne fut atterré par cette dépêche. Son prédécesseur, M. Carpentier, essayait en vain de le calmer. Vingt fois, il tenta de formuler une réponse, sans pouvoir y parvenir. Le colonel de Villenoisy avait télégraphié au commandant Babouin à Boulogne : « Partez cette nuit par train spécial pour Abbeville où l'on prend peur, prenez vos canons avec munitions, demandez des pointeurs à Calais, qui a ordre de les donner, mettez les pièces sur les remparts, ne capitulez sous aucun prétexte. »

Le commandant Babouin arrivait à Abbeville, à quatre heures du matin, prenait immédiatement le commandement supérieur, et envoyait au colonel Pestel la réponse suivante : « Accouru cette nuit de Boulogne, prendre le commandement de la place d'Abbeville, je trouve, en arrivant, les conditions que, avec une courtoisie que je me plais à reconnaître, vous avez bien voulu indiquer, pour une capitulation éventuelle de la garnison, vous comprendrez sans doute que je n'ai pas même à les examiner. Signé : Babouin. »

Le colonel prussien comprit que son coup de main ne pouvait plus réussir, et, sans insister davantage, il quitta Saint-Riquier le 31 au soir ; il se dirigea vers Rue où il fit enlever les rails du chemin de fer, sur une certaine longueur, probablement pour qu'Abbeville ne pût recevoir de renforts de Boulogne, seul point d'où il pût lui en arriver. Fort heureusement, dans la journée du 31, le commandant Babouin avait reçu des troupes, des artilleurs, 23 bouches à feu et des munitions. Voulant prendre l'offensive, cet officier supérieur sortit de la ville, à la tête d'une partie de la garnison et se dirigea vers Bernay et Arry, à la poursuite de la colonne ennemie. Mais le colonel Pestel, ayant sans doute appris que des renforts étaient arrivés à Abbeville, s'était déjà replié vers Auxi-le Château. Le commandant Babouin revint le soir même à Abbeville, par le chemin de fer, qui avait été réparé immédiatement.

Depuis le moment où les parlementaires prussiens étaient arrivés à la porte du Bois, les habitants d'Abbeville étaient passés par des alternatives de crainte et d'espérance. Pendant quelques heures on redouta une occupation immédiate. Depuis plus d'un mois, on s'attendait à chaque instant à voir tomber Abbeville au pouvoir de l'ennemi, et on finissait par s'habituer à cette idée, que l'on subirait certainement, plus ou moins prochainement, les douleurs de l'occupation. D'un autre côté, on avait dit tant de fois déjà, que l'ennemi venait occuper Abbeville, sans que l'événement se fut réalisé, que bon nombre d'habitants étaient, à cet égard, devenus assez sceptiques.

Avant de faire connaître les mesures prises par le commandant Babouin, nous devons nous occuper un instant du commandant Plancassagne, dont le remplacement fut un véritable soulagement pour la population d'Abbeville. C'était un officier d'un naturel doux, obligeant, et rien n'indiquait en lui des sentiments violents. Comme nous l'avons dit précédemment, il est probable qu'à son arrivée à Abbeville, on lui avait donné des renseignements erronés sur le patriotisme des Abbevillois; c'est la seule explication possible, de la violence et des termes injurieux de sa proclamation du 13 décembre.

Cette proclamation fit un effet déplorable, et dès cet instant il fut mis au ban de l'opinion. Il s'en aperçut sans doute et maintint, par amour-propre peut-être, sa manière de voir sur le patriotisme des Abbevillois. Le 29 décembre, il faisait paraître dans un journal, *le Mes-*

sager du Nord de Dunkerque, la lettre suivante : « Mon-
« sieur le Rédacteur, j'ai reçu hier, 25 décembre, le nu-
« méro du *Messager du Nord* du 17, dans lequel j'ai lu votre
« appréciation personnelle sur les mesures que j'ai prises
« dès mon arrivée à Abbeville. Vous paraissez ignorer,
« Monsieur le Rédacteur, l'esprit qui m'anime dans l'ac-
« complissement des graves devoirs qui me sont imposés ;
« en deux mots vous serez au courant de la situation.
« Dix malheureux uhlans se sont présentés il y a environ
« quinze jours aux portes de la ville, gardées alors par la
« milice nationale, qui avait reçu l'ordre formel de ne
« pas faire le coup de feu. Ces imprudents cavaliers ont
« *pissé* sur la porte crénelée et ont promis de revenir sous
« peu avec des seringues. L'insulte est-elle assez forte ?
« C'est dans une pareille disposition d'esprit que j'ai
« trouvé la population. Le conseil municipal avait déjà
« préparé le million cinq cent mille francs, destinés à
« remplir le gousset prussien. N'avais-je pas le droit de
« prendre des mesures énergiques ? Mon devoir était
« tout tracé par l'autorité supérieure. Certainement ce
« devoir n'entre pas dans la combinaison de tous ces riches
« bourgeois, qui tremblent devant la lance rouillée d'un
« cavalier, qui abandonnent la ville au lieu de la défendre.
« Sans doute, les populations effarées reçoivent gra-
« cieusement l'ennemi ; les maires, les adjoints, les autres
« autorités sont généralement peu disposés à entendre la
« fusillade ennemie. Que leur importe le sol de notre
« chère France, souillé par l'envahisseur ? L'abrutissement
« et la décrépitude sont aujourd'hui l'apanage de tous
« ces trembleurs ; l'espionnage, sur une grande échelle,
« continue son œuvre infâme. J'en ai fait prompte justice,
« voilà tout. Si vous étiez environné comme moi, de
« traîtres, d'espions, ou d'hommes d'une inertie capitale,
« vous agiriez, j'en suis persuadé, comme j'ai agi. L'iner-
« tie est aujourd'hui un crime, la trahison un forfait.
« C'est l'inertie et la trahison qui ont entraîné la France

« sur les bords de l'abîme ; à nous, hommes de cœur,
« de la sauver, même au péril de notre vie. Pas plus que
« vous, Monsieur, je n'aime les rigueurs inutiles. Mais le
« colonel républicain Plancassagne ne permettra jamais
« l'impunité de la trahison et de l'espionnage. Je suis
« heureux d'avoir fait mon devoir, et la cité, si patriarcale
« et si pacifique, que vous connaissez bien, est aujourd'hui
« remplie de confiance et de courage, la peur a disparu,
« et, avec elle, l'ennemi insolent. Veuillez être assez bon,
« Monsieur le Rédacteur, pour vouloir bien faire insérer
« cette lettre, dans le plus prochain numéro de votre jour-
« nal, et agréez l'assurance de mes meilleurs sentiments
« Votre dévoué, D. PLANCASSAGNE, lieutenant-colonel,
« commandant supérieur de la place d'Abbeville. »

Cette lettre était remplie d'erreurs, de mensonges et de calomnies, et en la lisant on se demande comment un homme investi d'un grade élevé dans l'armée française, a pu écrire des choses aussi contraires à la vérité. Une réfutation des allégations erronées du commandant Plancassagne nous demanderait trop de place ; nous nous bornerons à signaler quelques-unes de ses principales erreurs : la garde nationale aurait reçu, disait il, l'ordre de ne pas tirer, jamais on ne lui a interdit de faire le coup de feu ; les Prussiens n'ont pas pissé *(sic)* sur la porte Saint-Gilles, ils n'ont parlé à personne et n'ont pas annoncé leur retour prochain, avec des seringues ; les bourgeois d'Abbeville n'abandonnaient pas la ville au lieu de la défendre ; ils faisaient, au contraire, tous partie de la garde nationale, accomplissaient bravement leur devoir et on ne pourrait citer contre eux aucun fait de lâcheté. Non seulement le conseil municipal n'avait pas préparé 1,500,000 francs pour les Prussiens, mais l'idée de faire à l'avance, les fonds d'une contribution de guerre, ne s'est certainement présentée à l'esprit d'aucun de nos concitoyens ; enfin, avons-nous besoin de dire, qu'il n'y avait à Abbeville, ni trembleurs, ni espions, ni traîtres ? Et lors-

que le commandant Plancassagne a écrit, qu'il était environné de traîtres et d'espions, il a écrit une infamie que rien n'excuse. Les membres de l'ancien conseil municipal s'empressèrent, dès qu'ils connurent la lettre du commandant Plancassagne, d'envoyer au *Messager du Nord* la protestation suivante : « Abbeville, le 7 janvier 1871. Monsieur
« le Rédacteur en chef, vous avez inséré dans *le Messager*
« *du Nord,* du 29 décembre dernier, une lettre de M. le
« lieutenant-colonel Plancassagne, commandant la place
« d'Abbeville. Cet officier supérieur se livre aux attaques
« les plus violentes, contre le courage et le patriotisme
« des Abbevillois : « l'abrutissement et la décrépitude,
« dit-il, sont aujourd'hui l'apanage de ces trembleurs,
« etc... Si vous étiez environné comme moi, de traîtres,
« d'espions, ou d'hommes d'une inertie capitale... ces
« riches bourgeois qui tremblent devant la lance rouillée
« d'un cavalier, etc... » Les Abbevillois n'ont pas besoin,
« Dieu merci, d'être défendus contre de pareilles insultes.
« Nous nous garderons bien de le faire, l'histoire a consacré l'énergie et la résolution des Picards ; les assertions du citoyen Plancassagne ne prévaudront pas
« contre elle. Nous ne voulons pas d'ailleurs oublier que,
« dans les circonstances où nous sommes, toute discussion, toute provocation est un crime, puisqu'elle peut
« entraver la défense, en constituant pour l'ennemi un
« encouragement et peut-être un appel. Cependant chargés jusqu'au 15 décembre dernier, de défendre, en
« notre qualité de conseillers municipaux, l'honneur et
« les intérêts de nos concitoyens, nous avons le devoir de
« relever deux faits énoncés dans la lettre de M. Plancassagne, ces faits sont faux, absolument faux :
« 1° Dix malheureux uhlans se sont présentés il y a
« environ quinze jours, aux portes de la ville, alors gardées par la milice nationale, qui avait reçu l'ordre de
« ne pas faire le coup de feu, etc. » Cette allégation est
« contraire à la vérité Deux uhlans se sont présentés le

« 2 décembre, vers huit heures du matin, à l'entrée du
« faubourg Saint-Gilles. La 5ᵉ compagnie de la garde
« nationale venait d'arriver à son poste de combat; quel-
« ques gardes nationaux aperçurent les uhlans, et les
« mirent en joue, ceux-ci ont immédiatement disparu. Le
« 6 décembre, la même scène s'est reproduite, avant
« même que le rappel ait été battu. Les uhlans n'ont fait
« que paraître et disparaître. On avait si peu l'intention
« de ne pas tirer, dans le cas où l'ennemi aurait tenté
« d'entrer dans la ville, que le garde champêtre avait reçu
« l'ordre de prévenir les habitants de ce faubourg, de ren-
« trer dans leurs maisons et de ne sortir sous aucun pré-
« texte, afin de ne pas gêner la défense et d'éviter les
« balles tirées des remparts.

« La seule mesure prescrite dans l'ordre du 2 décembre,
« était une mesure de précaution, une formule générale-
« ment adoptée: on avait défendu de tirer sans ordre, ce
« qui n'impliquait nullement la volonté de ne pas se
« défendre. Les armes étaient chargées, et l'on avait la
« ferme résolution de s'en servir, personne n'a le droit
« d'en douter. »

« 2º Le conseil municipal, ajoute-t-il plus loin, avait
« déjà préparé 1,500,000 francs destinés à garnir le
« gousset prussien. »

« Nous ne savons, Monsieur le Rédacteur, où le nou-
« veau commandant de place, arrivé depuis quelques jours
« à peine, a puisé ses renseignements, mais nous som-
« mes obligés de déclarer, que ce fait est complètement
« faux. En énonçant ce fait, M. le lieutenant-colonel
« Plancassagne s'est rendu l'écho d'une odieuse calom-
« nie, à laquelle nous donnons le démenti le plus formel.
« Recevez, etc... »

M. Calluaud écrit en outre au général Faidherbe, commandant de l'armée du Nord : « Monsieur le Général,
« chargé jusqu'au 15 décembre, de remplir à Abbeville

« les fonctions de maire, j'ai le devoir de porter à votre
« connaissance, l'insulte grave que M. le lieutenant-
« colonel Plancassagne vient de faire à la ville tout
« entière, à l'administration municipale et à la garde
« nationale. Cette insulte résulte d'une lettre adressée au
« *Messager du Nord*, de Dunkerque, lettre malheureuse-
« ment reproduite par tous les journaux du Nord, par
« ceux de Bruxelles, et bientôt, sans doute, par ceux
« de toute la France. J'ai l'honneur de vous adresser
« sous ce pli, copie de la lettre écrite par M. Plancassagne
« et signée de son titre, de commandant supérieur de la
« place d'Abbeville, à l'occasion de prétendus faits, qui
« se seraient passés *avant son arrivée*. Ces faits sont *faux*,
« complètement *faux*. Les anciens membres du conseil
« municipal d'Abbeville les ont démentis, par une lettre
« collective, adressée aux journaux qui ont publié cette
« odieuse calomnie. Je mets cette réponse sous vos yeux,
« en vous priant de prescrire une enquête ; il n'est pas pos-
« sible qu'une ville tout entière soit ainsi signalée au
« mépris de tous les hommes de cœur, sans pousser un
« cri de douleur et d'indignation. Nous avons été publi-
« quement et officiellement insultés, nous nous plaçons
« sous votre protection, et nous invoquons votre justice.
« Vous ne permettrez pas, Général, qu'en présence de
« l'ennemi, on voue à l'infamie une population qui a
« toujours fait son devoir, et qui est parfaitement disposée
« à le faire jusqu'aux dernières limites du possible, et à
« sauvegarder son honneur. Veuillez agréer, etc... »

Il ne paraît pas qu'aucune suite ait été donnée à cette lettre éloquente, qui manifeste une émotion et une indignation bien légitimes. Faidherbe était absorbé par sa lutte de chaque instant contre l'ennemi ; il n'a sans doute pas eu le temps de faire procéder à l'enquête qui lui était demandée et dont la sanction, d'ailleurs, eut été, selon toute vraisemblance, illusoire. Nous tenons à répéter que l'administration municipale, en parfaite communion

7

d'idées, avec la population, a toujours montré la ferme résolution de résister énergiquement.

Les journaux publient un arrêté du docteur Testelin, du 26 décembre, décidant que M. le commandant supérieur des gardes nationaux mobilisés du département de la Somme, Babouin, est autorisé à casser et à remplacer, jusqu'au grade de capitaine inclusivement, tout officier nommé à l'élection, qui se montrerait d'une incapacité constatée à la suite d'un examen.

Le préfet de la Somme porte à la connaissance des habitants que le tarif de l'année 1871, fixé par l'intendant général, sera adopté pour les réquisitions de chevaux et voitures, dans le département; en conséquence, en vertu de ce tarif, il sera alloué 5 francs par collier, 2 francs pour la nourriture de chaque cheval, 1 franc pour celle du conducteur. 1 collier sera donc payé 8 francs, 2 colliers 15 francs, 4 colliers 27 francs.

L'Abbevillois publie la lettre suivante de M. Calluaud, qui montre que les calomniateurs n'ont pas désarmé : « Vous avez inséré dans votre journal du 1er janvier 1871 une lettre *non signée*, attribuant aux Abbevillois, qui m'ont nommé commandant de la garde nationale, le désir de voir l'invasion. Cette lettre contient une injure et une calomnie, je méprise l'injure et je donne à la calomnie le démenti le plus formel. Il est des questions qu'on ne peut discuter en face de l'ennemi, celle-ci est du nombre ; je n'ajoute donc pas un mot à la simple déclaration qui précède, et que vous voudrez bien insérer dans votre plus prochain numéro. La vérité aura son jour. Recevez, etc... »

La garde nationale est rétablie, et un arrêté du préfet du 5 janvier, fixe aux 8 et 9 janvier, l'élection des officiers, délégués, sous-officiers et caporaux, et au 10 janvier, l'élection du chef de bataillon et du porte-drapeau.

Un télégramme annonce que le général Faidherbe a battu les Prussiens à Bapaume.

Les trente contribuables les plus imposés de la ville d'Abbeville se réunissent en exécution de l'arrêté préfectoral du 30 décembre, et le sort désigne pour faire partie de la commission constituée par cet arrêté : MM. d'Emonville, Hénocque, Briez, Grare, Vayson, Degory, Cornet, Courbet, Dévérité et Jules Taquet.

Un membre de cette commission ayant écrit au préfet pour lui demander en quoi consiste son mandat, en reçoit une lettre dont nous extrayons ce passage : « Les circonstances exceptionnelles qui ont donné naissance à la commission dont le sort vous a appelé à faire partie, expliquent et limitent son mandat. En présence de l'audacieuse sommation de l'ennemi, et dans la prévision, aujourd'hui écartée, je l'espère, grâce aux mesures qui ont été prises, d'une capitulation devant des forces supérieures, j'ai cru qu'il convenait de confier les intérêts de la ville, à ceux des habitants, que leur situation personnelle désignait, comme les plus intéressés, et les plus aptes à les sauvegarder. M. l'Officier municipal peut satisfaire, en temps ordinaire, et jusqu'à la prochaine reconstitution de la municipalité abbevilloise, à la gestion des affaires courantes; il importe de l'entourer, en présence de l'ennemi, d'une représentation des intérêts de la ville, en rapport avec les exigences d'une situation exceptionnelle. Représenter et sauvegarder, en présence d'une occupation prussienne, des intérêts qui sont les vôtres, en même temps que ceux de vos concitoyens, traiter avec l'ennemi, aux meilleures conditions possibles, voilà quelle est la mission que la commission du 30 décembre, serait appelée à remplir, le cas échéant... »

La commission des dix a donc été instituée pour traiter avec l'ennemi, et défendre les intérêts de la ville, dans le cas où elle serait occupée ; cette éventualité ne s'étant pas pas produite, la commission, nommée dans un moment d'émoi provoqué par la présence des Prussiens à nos portes, n'a jamais fonctionné.

Le commandant Babouin fait publier l'avis suivant :
« Le commandant supérieur de la place d'Abbeville a l'honneur de prévenir les habitants, qu'en vue d'une attaque probable de l'ennemi, ils ont à se pourvoir de vivres, pour un mois. Il aura le regret de renvoyer, hors des murs, tous ceux qui ne se seront pas conformés à cet ordre, dans le délai de six jours. M. l'Officier municipal est chargé de s'assurer, qu'à cette date, les boulangers ont leur réserve complète. Abbeville, le 6 janvier 1871. Le commandant supérieur : Babouin. »

Aussitôt après l'arrivée du commandant Babouin à Abbeville, l'autorité militaire, que le préfet seconda de tout son pouvoir, prit des mesures pour résister à outrance. Il n'existait jusque-là que quelques petits ouvrages exécutés au mois de septembre. Depuis, le préfet n'avait demandé, et le commandant Plancassagne n'avait fait exécuter, aucun travail nouveau. Nous possédions 23 canons ; on résolut de pratiquer des embrasures, en nombre suffisant pour les utiliser. En quelques jours, plus de cent embrasures, mises en état, permettaient d'enfiler ou battre en écharpe, tous les chemins conduisant à Abbeville.

Un ordre du commandant supérieur, en date du 6 janvier, porte : « Que les arbres et les massifs, qui peuvent être une gêne pour la défense, seront abattus, notamment chez M. Macqueron (à Thuison), chez Madame Morel (à Menchecourt) et chez tous les propriétaires voisins, où cet abattage sera jugé nécessaire, par le colonel Crouzat et le commandant de Lagrené, qui sont chargés de l'exécution du présent. »

Parmi les arbres abattus, il y en avait qui appartenaient à l'Etat, ils se trouvaient près de la porte du Bois et le long du champ de manœuvres : d'autres et en plus grand nombre, appartenaient à des particuliers. Aucun de ceux-ci ne fit de résistance ; un seul signifia au préfet qu'il se réservait de demander ultérieurement une indemnité ; au surplus, ces arbres se trouvaient dans l'ancienne zone de servitude des fortifications ; ils avaient été plantés avant le déclassement de la ville, et l'autorité militaire était d'avis que l'on avait le droit de contraindre les propriétaires, à les abattre sans indemnité.

Comme il faisait très froid, bien des pauvres profitèrent des abattis de la porte du Bois, pour se procurer en fraude quelques fagots. Le service du génie avait d'abord fermé les yeux, mais le maraudage devint tel qu'il fallut, pour y mettre un terme, procéder à quelques perquisitions.

On commanda pour les canons, qui en étaient dépourvus, des caissons, des roues de rechange, ainsi que des harnais ; à cet effet, on passa des marchés avec des selliers et des carrossiers ; un comité des remontes put procurer, en temps utile, les chevaux nécessaires à l'attelage de ces canons.

Depuis longtemps, les banquettes sur lesquelles devaient se placer les fantassins, appelés aux remparts, se trouvaient détériorées ; ces banquettes avaient à peu près six kilomètres de long ; on les fit rétablir.

Comme on trouvait que certaines portes n'étaient pas suffisamment défendues par les murs crénelés, exécutés par les soins du conseil municipal, on décida que les routes seraient barrées par des palanques placées devant les portes. Ces palanques étaient composées de corps d'arbres, non équarris, de 3 à 4 mètres de long, terminés en pointe à leur sommet, enterrés de 1 mètre à 1^m,50, et qui laissaient entre eux des vides formant meurtrières ; un fossé était creusé en avant, au pied de chaque palanque.

Au moyen de quelques batardeaux, et à l'aide des ouvrages de navigation, établis sur le canal de Transit, et sur le bras de rivière des Six-Moulins, on put obtenir une petite surélévation du niveau des eaux, et on parvint à inonder certains terrains, et les fossés des fortifications. Afin de rendre plus difficile l'accès des fossés, on garnit leur crête extérieure d'un fil de fer, attaché à des piquets, d'une hauteur de 30 centimètres environ.

L'hiver étant très rigoureux, l'eau de ces fossés était presque complètement gelée, et ils auraient pu facilement être franchis à pied ; mais tous les matins, on faisait casser la glace.

Après avoir mis l'ensemble de la ville en état de résister à une attaque de vive force, on voulut mettre aussi en état de défense, les routes et chemins y aboutissant, et le 6 janvier, le commandant supérieur fit publier l'ordre suivant : « Des maisons seront crénelées et occupées, dans le faubourg Saint-Gilles, dans le faubourg Thuison et dans le faubourg du Bois. M. le colonel Crouzat, de concert avec M. le commandant de Lagrené, est chargé d'indiquer les maisons auxquelles s'appliquent ces travaux de défense. Ce dernier est chargé de l'exécution. Signé : Babouin. »

Un ancien lieutenant du génie, M. Saphore, se trouvait à Abbeville, en qualité de commandant du 1er bataillon des mobilisés du Nord ; il fut adjoint au commandant de Lagrené, et fut chargé spécialement des travaux de défense des faubourgs. La maison appartenant à M. Briez, imprimeur, au faubourg du Bois, fut blindée et crénelée, de manière à former un poste avancé, susceptible d'une grande résistance. On exécuta des travaux importants à Mautort, Caubert, Saint-Gilles et Thuison ; quelques maisons y furent même crénelées, et mises en état de défense. Dans les faubourgs, les arbres et bosquets, un peu rapprochés les uns des autres, furent reliés entre eux par des fils de fer, dérobés aux regards, de manière à gêner et à retarder l'approche de l'ennemi.

Tous ces travaux auraient peut-être permis de résister victorieusement à un assaut, mais en cas de bombardement, ils étaient pour ainsi dire inutiles ; une mesure s'imposait, c'était la construction de redoutes sur les hauteurs qui dominent Abbeville. Ce système que préconisait et soutenait ardemment le commandant de Lagrené, présentait des inconvénients assez graves, mais, par contre, il offrait de grands avantages : il permettait de recevoir le choc de l'ennemi, hors de la ville, dans de bonnes positions, solidement fortifiées, et de préserver Abbeville d'un bombardement. Le commandant Babouin hésitait ; il craignait sans doute de s'aventurer, hors des murs, avec de jeunes soldats, non aguerris et mal armés ; mais le 8 janvier, lorsque les travaux de défense de l'enceinte proprement dite, furent achevés, il donna l'ordre d'établir sur toutes les hauteurs, qui environnent Abbeville, des redoutes disposées pour recevoir de l'artillerie et de l'infanterie.

Après avoir visité les environs, le colonel Crouzat et le commandant de Lagrené décidèrent la construction de quatre redoutes : la première, sur les monts Caubert, à côté de l'ancien camp de César ; la deuxième, aux moulins, sur la route de Saint-Riquier, elle était double et se trouvait partie à droite et partie à gauche de la route ; la troisième, à Thuison, en arrière du petit bois de ce nom, et la quatrième, à gauche de la route nationale n° 1, en haut de la côte de la Justice.

Dès le lendemain, les travaux commencèrent ; il fallut avoir recours aux réquisitions, pour se procurer des ouvriers Les agents-voyers et les cantonniers furent mis à la disposition du Génie ; toutes les communes voisines furent tenues de fournir des hommes, à leurs frais ; on utilisa en outre les ouvriers, au nombre de cinq cents environ, qui faisaient partie des ateliers municipaux de la ville ; on obtint ainsi près de deux mille travailleurs.

Au moment où l'on exécutait ces travaux, le colonel Goulier, ancien professeur de topographie à l'école militaire de Metz, vint les inspecter, accompagné du commandant Babouin, du colonel Crouzat et du commandant de Lagrené ; il approuva l'ensemble des dispositions adoptées, et n'indiqua que quelques modifications de détail ; on poussa les travaux avec la plus grande activité, de crainte que les Prussiens ne vinssent, avant leur achèvement, attaquer Abbeville. Lorsqu'ils furent terminés, chacun put constater que, pour les enlever, il eût fallu l'effort de toute une armée.

La redoute des monts Caubert pouvait recevoir 6 canons ; elle commandait la vallée de la Somme, la route de Pont-Remy, la vallée d'Yonval et la route de Rouen. Afin d'avoir une ligne de retraite à l'abri de l'ennemi, on fit ouvrir un chemin en lacet, sur le flanc des monts Caubert, assez large pour qu'une pièce d'artillerie attelée de quatre chevaux put passer ; on avait ainsi une retraite assurée par les marais de Rouvroy et des Planches. Le point de jonction était protégé par la chapelle Sainte-Marguerite, à Caubert, qui était blindée et crénelée.

La redoute des moulins dominait la vallée du Scardon, et les routes de Saint-Riquier et d'Ailly-le-Haut-Clocher. Elle pouvait recevoir 8 pièces d'artillerie.

Celle de Thuison était disposée pour recevoir 4 pièces, elle commandait la route du Plessiel, et comme la précédente, dominait la vallée du Scardon.

Enfin la redoute de la Justice commandait les routes du Plessiel et de Nouvion, battait le plateau de la ferme du Val, et dominait la vallée de la Somme, entre le faubourg Menchecourt et Laviers.

La garnison était d'environ cinq mille hommes ; elle pouvait, dans ces positions, tenir en respect une troupe beaucoup plus nombreuse ; aussi les Prussiens, qui étaient sans doute renseignés, s'abstenaient de venir attaquer Abbeville.

Quatre entrepreneurs d'Abbeville, MM. Bertrand, Boizard, Carpentier et Folie, concoururent avec zèle et désintéressement, à l'exécution de ces pénibles travaux. On avait pris la précaution de procéder vis-à-vis d'eux, par voie de réquisition, tout en leur déclarant qu'on les paierait aussitôt qu'on le pourrait ; mais ils connaissaient le commandant de Lagrené, ils appréciaient sainement la situation, et ils eurent confiance. Le décompte de leurs travaux et fournitures s'élevait à 10,000 francs. Le commandant de Lagrené mit le préfet au courant, et sur la demande de celui-ci, le Ministre de la Guerre accorda, pour faire face aux travaux de défense, un crédit de somme égale qui servit à désintéresser les quatre entrepreneurs.

Les Abbevillois ne se font pas d'illusion. Tout ce qui se passe, notamment les mesures prises par l'autorité militaire, leur indique qu'il faut s'attendre à être assiégé, et qu'il faut prévoir un bombardement. Quelques-uns de nos concitoyens songent à constituer une société civile d'assurances mutuelles, contre les pertes matérielles et directes pouvant résulter d'un bombardement ou d'une attaque. Les statuts de cette société qui s'intitulait *l'Abbevilloise* furent imprimés. Son conseil d'administration était composée de : MM. Boizard, entrepreneur ; Crusel, ancien notaire ; de Caïeu-Morel, propriétaire ; Delattre, ancien négociant ; de Touchet, propriétaire ; Flandrin, avoué ; Mallet, avoué ; Monchaux, banquier ; Henry Ricquier, ancien négociant et Vayson, manufacturier. *L'Abbevilloise* ne devait assurer que les bâtiments, et les immeubles par destination, se trouvant compris dans l'enceinte fortifiée de la ville. On a pu heureusement, puisqu'Abbeville n'a pas été attaquée, éviter de faire fonctionner cette société.

Une souscription est ouverte, dans le but de procurer des vêtements chauds aux mobiles privés de ressources ; les offrandes en argent ou en nature sont reçues, chez M. Octave Brailly, rue des Lingers, et dans les bureaux de *l'Abbevillois*.

Le 7 janvier a lieu chez Madame d'Emonville, sur la convocation de M. le Comte de Riencourt, président du Comité de Secours aux blessés militaires, une réunion dans le but de former un Comité de dames.

Le grand cercle est transformé en ambulance.

On apprend que les Prussiens ont, pendant une heure, mis le bourg d'Oisemont au pillage.

Les élections qui ont eu lieu le 8 janvier, ont reconstitué les cadres de la garde nationale. Nous donnons ici les noms des capitaines élus : 1re compagnie, Greux, Durand ; 2e compagnie, Edouard de Caïeu, Boizard ; 3e compagnie, Dufour-Lenglet ; 4e compagnie, d'Applaincourt, Clovis Dumont ; 5e compagnie, de Monnecove, Marchand ; 6e compagnie, Alfred François, Georges Coq ; 7e compagnie, Nadaud-Pierru, Rajat ; 8e compagnie, Bornat, Hévin.

Le 10 janvier, les officiers et délégués de la garde nationale procèdent à l'élection de leur commandant. Avant l'ouverture du scrutin, M. Drincourt qui présidait, en qualité d'officier municipal, lit une lettre, dans laquelle M. Calluaud, dans un sentiment de concorde et d'union, déclare décliner toute candidature. M. Carpentier, chef d'escadron d'artillerie en retraite, qui a été commandant de place pendant quelques jours, est élu par 73 voix sur 84 votants.

Tous les jours à l'Hôtel-de-Ville, de neuf à dix heures du matin, on distribue des armes aux gardes nationaux, nouvellement inscrits sur les contrôles.

Le prix des dépêches par pigeon est réduit à 20 centimes par mot.

Le 13 janvier on amène à la place trois prisonniers prussiens.

La garnison continue à faire des reconnaissances, dans les environs d'Abbeville. Des détachements sont en permanence à Villers-sur-Mareuil, Huchenneville, etc. ; on fait une réquisition de tous les harnais existant dans la ville ; on indique aux officiers de pompiers, les emplacements que doivent occuper les pompes à incendie, en cas de bombardement.

Afin de faire place à leurs propres blessés et malades, dans les ambulances d'Amiens, les Prussiens envoient à Abbeville, quelques blessés français de Sedan et de Dury.

L'armée de la Loire était réduite à l'impuissance, celle de l'Est tentait, par un dernier effort, de couper les communications de l'ennemi ; seule l'armée du Nord pouvait faire une diversion de nature à coopérer à la tentative suprême que préparait l'armée de Paris. Dans les sphères militaires, on était d'avis qu'il fallait frapper un grand coup, mais où le frapper ? On examina s'il n'y avait pas lieu de diriger l'armée du Nord sur Abbeville, afin de menacer le chemin de fer de Rouen, mais, pour cela, il eut fallu trop s'écarter des places fortes du Nord, avantageuses comme base d'opération et comme lieu de retraite. En outre on s'exposait à être acculé sur les côtes de la Manche. On se décida donc à opérer vers l'Oise, et Faidherbe se dirigea avec son armée du côté de Saint-Quentin.

Le commandant Rousset (1) cite un trait assez piquant, relatif à l'armée du Nord, qui rappelle certains épisodes chevaleresques des guerres d'autrefois : « Une patrouille allemande avait capturé le 13 janvier à Puiseux, cinq dragons français ; l'un de ceux-ci déclara qu'il était l'ordonnance du général Faidherbe, et que le cheval qu'il montait, appartenait au commandant en chef. Aussitôt le général de Gœben s'empressa de restituer, cheval et cavalier, au général Faidherbe, avec une lettre courtoise. Mais le dragon avait menti, et Faidherbe, ne voulant pas être en reste avec son adversaire, renvoya l'homme et la monture, au général prussien. »

Un décret décide que l'appel de la classe de 1871 pourra avoir lieu, immédiatement après sa promulgation.

Le 15 janvier, a lieu, au cours d'une revue de la garde nationale, la reconnaissance des officiers récemment élus.

Le même jour, il est fait défense d'entrer dans la ville, ou d'en sortir, à partir de huit heures du soir.

Le 17 janvier, le commandant Babouin, à la tête de

(1) T. III., p. 184.

quelques troupes, fait une reconnaissance du côté de Molliens-Vidame.

On dit que l'armée prussienne s'est accrue, à Amiens, de renforts importants, mais que de son côté, Faidherbe reçoit de nouvelles troupes, par Dunkerque.

Le 18 janvier, le commandant Babouin, qui est toujours décidé à défendre la ville à outrance, et qui se préoccupe de l'éventualité d'un bombardement, fait afficher la proclamation suivante: « Aux habitants d'Abbeville. Le Com-
« mandant supérieur croit devoir rappeler aux habitants,
« que par décret du 8 août 1870, le département et la ville
« ont été mis en état de siège ; il porte en même temps à
« leur connaissance, les principales dispositions du décret
« du 13 octobre 1863, sur le service des places de guerre, et
« les villes de garnison, et se plaît à penser qu'en présence
« de l'ennemi, comme nous le sommes, aucun citoyen ne
« voudra assumer la responsabilité de lenteurs et d'hésita-
« tions préjudiciables à la défense, et que l'ignorance de
« ces dispositions permettrait seule d'expliquer... » (Suit la teneur des articles 242, 243, 245, 248, 249 et 250 du décret sus-visé.)

Et en conséquence le Commandant supérieur ordonne :

« Art. 1er. — L'autorité municipale est invitée à hâter,
« par tous les moyens en son pouvoir, l'approvisionne-
« ment d'un mois de vivres, ordonnée par communication
« du 6 janvier courant. M. l'Officier municipal provisoire
« rendra compte le dimanche 22 courant, par un rapport,
« des mesures qu'il aura prises à cet égard, des résul-
« tats obtenus, avec l'état détaillé des ressources que la
« place peut fournir, pour les besoins de la garnison ou
« des travaux.

« Art. 2. — Les diverses juridictions de la ville feront
« parvenir, toutes les affaires qui leur sont soumises, à
« une commission de trois membres, composée de M. le
« Chef de bataillon du 64e, président ; M. le Capitaine rap-

« porteur près la cour martiale ; M. le capitaine Bernard,
« de la 1re légion, 1er bataillon de la Somme.

« Cette commission examinera toutes les affaires, et
« remettra chaque jour, au Commandant supérieur, un
« rapport, constatant celles qui lui paraissent devoir être
« maintenues par la cour martiale, en raison de l'intérêt
« qu'elles peuvent avoir, au point de vue de la défense.

« Le Commandant supérieur décidera.

« Les faux bruits, les nouvelles malveillantes et la
« résistance aux ordres de l'autorité militaire, seront,
« dans tous les cas, déférés à la cour martiale.

« Art. 3. — L'autorité civile devra prendre toutes les
« mesures nécessaires, pour mettre à l'abri, ou évacuer
« sur Boulogne, les richesses scientifiques, musées ou
« collections, qui sont la propriété de la ville.

« Art. 4. — Les caves des maisons particulières sont
« mises en réquisition, pour servir d'abri, soit aux
« troupes, soit aux habitants, en cas de bombardement.
« Une commission de trois membres nommés par le
« Commandant supérieur, sur la proposition du préfet,
« en passera l'inspection et dressera l'état de celles qui
« peuvent servir à cet usage, en indiquant le nombre de
« personnes qu'elles sont capables de contenir. Des tra-
« vaux, s'il est nécessaire, seront faits pour les consolider.
« Les propriétaires sont autorisés à faire blinder le rez-
« de-chaussée de leurs habitations.

« Art. 5. — L'officier municipal requerra toutes les
« pompes particulières, et les remettra au capitaine des
« pompiers, dont le matériel sera immédiatement mis en
« état.

« Chaque propriétaire est invité à transporter à l'étage
« le plus élevé de sa maison, des baquets ou tonneaux
« pleins d'eau, destinés à arrêter facilement les commen-
« cements d'incendie. En outre les propriétaires des mai-
« sons situées à plus de cent mètres des bras de la
« Somme, sont tenus d'avoir prêts, au rez-de-chaussée,

« des tonneaux qui, dès le commencement du feu, seront
« placés sur le trottoir, en face des maisons et remplis
« d'eau.

« Art. 6. — Les établissements hospitaliers se pour-
« voiront de drapeau d'ambulance, et les arboreront, au
« point le plus élevé des bâtiments. Abbeville, le 18 jan-
« vier 1871.

« L. Babouin. »

De son côté, le nouveau commandant de la garde nationale, fait, à la même date, afficher un ordre du jour, qui contient notamment les dispositions suivantes : « En cas d'alerte, et pour qu'il n'existe aucun
« embarras, ni hésitation, dans les rassemblements des
« compagnies, le poste de combat de chacune d'elles
« est fixé ainsi qu'il suit : 1re compagnie, poste du chemin
« de fer, sur le chemin de halage, à gauche du pont ;
« 2e compagnie, porte Marcadé, à gauche et à droite de la
« chaussée, dans la rue du rempart ; 3e compagnie, la
« Portelette, à droite et à gauche du pont tournant, sur
« le chemin de halage ; 4e compagnie, porte du Bois, à
« droite et à gauche de la chaussée, au pied du rempart ;
« 5e compagnie, porte d'Hocquet, à droite et à gauche
« au pied du rempart ; 6e compagnie, porte Saint-Gilles,
« sur les trottoirs, le long du manège et du mur du
« quartier ; pour les 7e et 8e compagnies, comme la
« défense extérieure de la ville sera exclusivement confiée
« aux troupes de la garnison, ces deux compagnies rentre-
« ront dans la place, etc. »

L'officier municipal provisoire fait, lui aussi, afficher un avis, par lequel, dans les termes les plus pressants, il invite les habitants à effectuer dans le délai de trois jours, leur approvisionnement de vivres pour un mois, en les prévenant que les agents de l'administration municipale sont chargés de s'assurer, à domicile, de l'existence de cet approvisionnement.

Seize cavaliers prussiens sont à Epagnette ; quelques-uns viennent dans le faubourg Saint-Gilles, où des coups de feu sont échangés.

Des coups de feu sont aussi échangés à Villers-sur-Mareuil, entre des factionnaires du 64e de ligne, et des cavaliers prussiens venant de Caumont.

Ces reconnaissances des Prussiens, aux abords d'Abbeville, font croire à une attaque prochaine.

Un ordre du commandant de la garde nationale porte que les professeurs du collège sont exemptés d'exercices et de gardes, pendant les heures de classe, et que le principal est dispensé de tout service.

Le 20 janvier, le commandant de la garde nationale fait publier un ordre du jour portant que : « Les gardes « nationaux passent sous l'autorité du commandant de « place. Le chef de bataillon prévient donc les officiers, « sous-officiers et gardes nationaux, qu'ils sont soumis, « dans toute son étendue, à la discipline militaire, et qu'il « n'y a par conséquent pas lieu de créer un conseil de « discipline. »

Un siège paraissant toujours imminent, on donne aux pompiers des instructions, indiquant les points où ils devront se réunir, en qualité d'escouades de secours : « 1re escouade, rue des Pots, au magasin des pompes ; 2e escouade, cour de l'Hôtel-de-Ville et poste des pompiers, au même lieu ; 3e escouade, rue Saint-Gilles, chez M. Delepierre ; 4e escouade, rue des Jacobins, chez Madame Douville ; 5e escouade, rue du Lillier, maison n° 14 (maison où le docteur Dumont est décédé il y a un an) ; 6e escouade, quai du Guindal, chez M. Latoubart ; 7e escouade, rue Saint-Vulfran, dans l'auberge du Grand-Hercule ; 8e escouade, chaussée d'Hocquet, aux Rames, chez M. Vayson ; 9e escouade, quai de la Pointe, à l'Entrepôt de la Douane ; 10e escouade, chaussée Marcadé, chez M. Fourré ; 11e escouade, chaussée du Bois, chez M. Marmin. »

Il s'agit pour les pompiers de travailler à éteindre les incendies que le bombardement pourra allumer ; on s'attend à Abbeville à subir le sort de Péronne. Quand les Prussiens auront pris les redoutes extérieures, ils bombarderont la ville et ils pourront facilement l'incendier.

Les 19 et 20 janvier, on entend dire que les Prussiens sont à Hangest, Longpré, Villers sur-Mareuil, Bellancourt, etc.

Par arrêté préfectoral du 20 janvier, la chasse au marais est interdite, jusqu'à nouvel ordre, dans le département de la Somme.

Le docteur Tételin donne sa démission de commissaire général de la défense nationale à Lille.

Le 21 janvier, le commandant Babouin décide que les laisser-passer avec voitures ne seront plus permanents, et que la quantité et l'espèce de marchandises, dont la sortie est autorisée, devront être sommairement indiquées.

On apprend la perte de la bataille de Saint-Quentin. Dans cette bataille, selon M. Daussy, les Prussiens avaient 49,825 soldats contre 55,020 Français. Le général Gœben qui songeait toujours à compléter sa possession de la ligne de la Somme par la conquête d'Abbeville, même au moment où il dirigeait toutes ses forces sur Saint-Quentin, avait envoyé un détachement pour surveiller cette ville : c'est ce détachement qui, le 19 janvier, était venu reconnaître les abords de la place.

Un avis informe les Abbevillois que Saint-Valery et les ports de la Normandie sont en état de blocus. Ce blocus comprend tout le littoral, depuis la pointe de la Hève jusqu'à la pointe de Saint-Quentin.

La garde nationale reprend le service des postes de la Portelette, du Bourdois et de l'hôtel du Préfet.

Une commission, composée de deux architectes et d'un lieutenant d'artillerie, commence la visite des caves, afin de désigner celles pouvant servir d'abri et celles à consolider, au moyen de blindage ou avec des sacs à terre. Les caves de la chaussée du Bois et de la chaussée Marcadé étaient plus spacieuses et en meilleur état qu'on ne le supposait; elles pouvaient abriter environ 5,000 personnes, ce qui était peu néanmoins, pour une population de 20,000 âmes.

Il n'existait, dans les remparts, qu'un seul réduit à l'épreuve des obus. Il était situé en face la rue Millevoye, et pouvait recevoir une centaine de blessés. On en fit blinder la porte. Des blindages faits au moyen de troncs d'arbres inclinés et recouverts de terre furent également établis à la poudrière, près de la porte d'Hocquet, et à un petit réduit près de l'église Saint-Gilles.

Les chevaux de selle envoyés à Boulogne, sur réquisition, reviennent en assez piteux état.

L'armée du Nord s'est repliée jusqu'à Douai. Les journaux anglais nous apportent de mauvaises nouvelles de Paris, et de l'armée de l'Est que commande Bourbaki.

Quatre hussards prussiens viennent en reconnaissance à Villers-sur-Mareuil. Des soldats français qui se trouvaient là, ont tiré sur eux; l'un d'eux a été tué, un autre a été grièvement blessé, les deux derniers sont parvenus à s'échapper. Le hussard blessé a été transporté à l'Hôtel-Dieu d'Abbeville.

Le Préfet de la Somme se rend à Lille pour conférer avec les autorités civile et militaire.

La variole sévit à Abbeville.

Toutes les écoles sont transformées en casernes.

Un ordre du commandant de la garde nationale porte : « que le rappel ne sera pas battu dans les compagnies, ni pour les exercices, ni pour les réunions, les exercices ayant lieu toujours au même lieu et à la même heure. Les gardes nationaux seront prévenus à domicile, d'être exacts à l'heure fixée. Quant aux réunions, sur l'ordre du commandant, l'heure et le lieu de la réunion seront indiqués aussi à domicile. Le motif est l'émotion que le rappel produit actuellement dans la population. »

Au cours de la visite du colonel Goulier, il avait été convenu que si, après avoir subi un bombardement, Abbeville était forcée de capituler, on ferait sauter les fortifications avant de se rendre. Dans ce but on avait désigné une douzaine de puits de mines dans la partie des remparts se trouvant entre les portes du Bois et Saint Gilles. Leur charge devait être calculée de manière à renverser seulement le mur des remparts dans le fossé, sans causer d'ébranlement aux édifices de la ville. Un seul de ces puits a pu être achevé avant l'armistice.

La commission des musées et de la bibliothèque décide que le musée Duchesne de la Motte sera blindé, et que les livres les plus précieux de la bibliothèque communale seront déposés à l'Hôtel-de-Ville, dans la salle de la Trésorerie ou des Archives, qui sera également blindée.

Les habitants sont prévenus, qu'à partir du 26 janvier, le passage de la porte du Bois leur sera interdit.

Du 21 au 28 janvier, des bruits pessimistes et souvent contradictoires sont mis en circulation : 10,000 Prussiens seraient revenus à Amiens; on aurait vu dans la vallée, entre Amiens et Abbeville, un corps ennemi important ; les ennemis seraient à Vignacourt avec des canons ; des cavaliers prussiens seraient revenus à Crécy ; M. Gavelle aurait donné sa démission de sous-préfet ; le général Trochu serait remplacé à la tête de l'armée de Paris par le général Vinoy ; M. Jules Favre aurait ouvert des négociations pour la capitulation de Paris ; le bataillon du 64e serait consigné à la caserne, etc.

Le 27 janvier, le commandant de la garde nationale fait publier plusieurs ordres du jour. Par un premier, il demande à chaque capitaine la liste des hommes sans ressources, auxquels il serait nécessaire de fournir une vareuse et un képi.

Dans un deuxième, il prescrit aux capitaines de procéder, en arrivant au poste, à un second appel, afin de signaler les hommes qui auraient quitté leurs rangs dans le trajet, entre le Bourdois et le poste assigné.

Dans un troisième, il invite les gardes nationaux qui seraient empêchés de faire leur service, pour cause de maladie ou autre, d'aviser immédiatement leur sergent-major, et de faire constater par un médecin le cas de maladie.

Un avis du Sous-Préfet porte que le 28 janvier, il sera procédé, à la Sous-Préfecture, à l'adjudication de la fourniture de la viande de boucherie, nécessaire pour le service des ordinaires.

1er *lot*. — 6e légion des gardes mobilisés du Nord	1,670 hommes.
2e *lot*. — Gardes nationaux mobilisés de la Somme (6e légion) . . .	2,333 —
3e *lot*. — 64e régiment de ligne (un bataillon)	481 —
4e *lot*. — Garde mobile du Pas-de-Calais.	740 —
5e *lot*. — Artillerie mobilisée, dragons de la Somme et autres corps détachés	394 —
En tout 5,638 hommes, ci. . .	5,638 hommes.

Comme on le voit, à cette époque, la garnison d'Abbeville s'élevait à 5,638 hommes de toutes armes.

La souscription pour les mobilisés pauvres a produit 1,155 francs, avec lesquels on leur distribue 400 capuchons, 500 paires de chaussettes, chemises et camisoles de laine, etc.

Le sous-préfet, M. Gavelle, a réellement donné sa démission. Par un arrêté du 27 janvier, le Préfet délègue M. Adolphe Dutilleux pour remplir les fonctions de sous-préfet jusqu'à l'arrivée de M. Francis Hariot, nommé en remplacement de M. Gavelle.

Le Préfet qui cherche encore à constituer une commission municipale, voit toutes ses tentatives échouer.

Le 29 janvier, le bruit court que 25,000 Prussiens viennent d'arriver à Amiens.

Le 30 janvier, en s'éveillant, les Abbevillois apprennent une fois de plus que les Prussiens sont en marche sur Abbeville.

Un peu plus tard, on reçoit une dépêche annonçant la conclusion d'un armistice. Voici le texte de cette dépêche : « Versailles, 28 janvier 1871, 11 h. 15 du soir. M. Jules Favre, ministre des Affaires étrangères, à la délégation de Bordeaux. Nous signons aujourd'hui un traité avec M. le comte de Bismarck. Un armistice de vingt et un jours est convenu, une Assemblée est convoquée à Bordeaux pour le 15 février, faites connaître cette nouvelle à toute la France, faites exécuter l'armistice et convoquer les électeurs pour le 8 février, un membre du Gouvernement va partir pour Bordeaux. Signé : Jules FAVRE. »

En recevant ce télégramme, l'état-major de la place d'Abbeville croit que, suivant l'usage, chaque armée devra conserver ses positions respectives. En conséquence, le commandant Babouin s'empresse de faire partir, dès trois heures du matin, sur les principales routes d'Abbeville, dix colonnes d'une douzaine d'hommes chacune, commandées par des officiers porteurs d'une notification de l'armistice, avec mission de marcher jusqu'à la rencontre d'un poste allemand. On espérait qu'Abbeville ne serait pas occupée et que l'on profiterait des sages dispositions du commandant Babouin, mais l'incertitude était grande. Un général envoyé par Faidherbe se rend à Airaines auprès du commandant allemand. Des dépêches sont échangées entre Abbeville et Lille. Une affiche, datée du 30 janvier, portant la signature du comte Lehndorff, préfet prussien à Amiens, qui fait connaître aux habitants du département, les principales stipulations de l'armistice, contient ceci : « J'ajoute à cet extrait, qu'en vertu de la ligne de démarcation convenue, les troupes prussiennes vont entrer, dès demain, en possession de toutes les parties du département de la Somme, qui, jusqu'ici, se trouvaient occupées par les troupes françaises (arrondissement d'Abbeville) et que les forts de Paris ont été livrés hier à nos troupes, comme la convention le prescrit. » Cet avis ne laissait pas beaucoup d'espoir aux Abbevillois d'éviter l'occupation, et cependant, l'on espérait toujours, tant il paraissait impossible que, sans nécessité aucune, on nous eut livrés à l'ennemi.

Dans la soirée du 30, un officier prussien vient en parlementaire, pour régler le mode d'occupation de la ville et de l'arrondissement; mais le commandant Babouin, dont l'attitude resta correcte et énergique jusqu'au bout, déclare qu'il ne rendra rien du tout, tant qu'il n'en aura pas reçu l'ordre du général en chef. Même du côté des Prussiens on paraissait, d'ailleurs, reconnaître que la situation particulière de la ville d'Abbeville rendait nécessaire une convention additionnelle.

En apprenant la signature de l'armistice, Gambetta s'insurge, et lance un dernier télégramme daté du 31 janvier, 11 heures du soir, commençant ainsi : « Qui donc signerait le démembrement de la France ?... » et se terminant par ces mots : « Aux armes, aux armes, vive la République, une et indivisible, vive la France ! » Mais ce dernier appel du tribun-patriote n'a pas d'écho.

Plusieurs dépêches étaient échangées entre Abbeville, Lille, Bordeaux et Paris. Le 1er février, le Ministre des Affaires étrangères télégraphiait à Bordeaux : « Télégraphiez aux généraux français, de concourir de suite à la démarcation dans le Nord. J'ai dû abandonner le département de la Somme, par conséquent Abbeville n'aura à supporter que sa quote-part dans les charges de ce département. J'ai télégraphié au général Faidherbe, qui me demande si la convention doit être interprétée dans ce sens ; confirmez-lui cet ordre, il est entendu que la ville ne sera frappée d'aucune contribution ni réquisition de guerre. Signé : Jules FAVRE. » Cette dépêche ne fut pas communiquée à la population qui, au fur et à mesure que diminuait l'espoir d'être soustraite à l'occupation, s'irritait et accusait Jules Favre d'avoir oublié, en négociant, qu'Abbeville n'était pas occupée par les Prussiens, comme il avait oublié l'armée de l'Est.

A ce sujet, M. Louandre s'exprime ainsi : « Mais Abbeville et les localités voisines n'en furent pas moins englobées dans la ligne d'occupation. Les habitants, justement irrités, réclamèrent auprès des autorités prussiennes. M. de Bismarck s'empressa de reconnaître qu'il avait été induit en erreur, qu'il ne savait pas Abbeville armée et occupée par une garnison française. M. Jules Favre, en traitant de l'armistice, ne le savait pas plus que lui, à moins, toutefois, qu'il n'ait pas songé à le lui dire, car il pouvait bien oublier une sous-préfecture, lorsque dans les protocoles de la défaite, il avait oublié toute une armée. » De son côté, M. le commandant Rousset, appelle Jules Favre : « Le triste ministre de la Défense nationale. »

Il paraît certain que M. Jules Favre n'était pas au courant de la situation dans la Somme, et qu'ayant interrogé le général Faidherbe, celui-ci, qui la connaissait bien, lui aurait répondu qu'il ne voyait pas d'inconvénient à placer Abbeville, pendant l'occupation qui suivrait l'armistice, dans la zone prussienne. C'est donc le général Faidherbe qui serait responsable de la criante injustice qui a été commise, lorsque l'on a, sans motifs, livré Abbeville aux Prussiens.

M. Lardière tente un dernier effort et télégraphie à Gambetta en ces termes : « Abbeville, 2 février. Pardon,
« mon cher citoyen, de vous distraire de vos grandes
« douleurs et de vous occuper de mon département. Un
« fait inouï se passe ici. Par ordre du général en chef,
« toute la partie du département de la Somme, com-
« prenant les arrondissements d'Abbeville et de Doullens.

« c'est-à-dire quarante lieues de terrain, non occupé par
« l'ennemi, doit être évacuée par nous. Nos détachements
« sont rappelés, les troupes françaises se retirent d'Ab-
« beville sur le Pas-de-Calais, et, cette ville que, depuis
« deux mois, nous avons solidement occupée, fortifiée
« surtout, tombera sans combat, de plein gré, au pouvoir
« de l'ennemi. Les travaux de défense qui ont fait d'Abbe-
« ville une place forte, pourront être retournés contre
« nous. Après l'abandon de Péronne, la cession d'Abbe-
« ville ! Cela est inadmissible et en dehors de toutes les
« lois de la guerre ; je m'associe à la population indignée,
« et au nom du patriotisme et de l'honneur républicain,
« je proteste énergiquement, ne reconnaissant pas au
« gouvernement de Paris, le droit de céder un territoire
« que l'ennemi n'a pas conquis. Je me retire donc à la
« frontière du département, en attendant vos instruc-
« tions. Le Préfet de la Somme, J. LARDIÈRE. »

Le même jour, 2 février, deux parlementaires prussiens viennent conférer avec le commandant Babouin, à
l'instant même où le général Faidherbe lui envoie la
dépêche suivante : « Evacuez immédiatement la place,
« retirez-vous sur Montreuil, et avertissez qu'Abbeville ne
« sera soumise à aucune contribution de guerre particu-
« lière. »

Le 3 février, le commandant Babouin reçoit du général
Faidherbe ce nouveau télégramme : « Vous n'êtes pas au
« courant de la situation. Voici la dépêche que j'ai reçue
« du Ministre des Affaires étrangères : « Au général Fai-
« dherbe. Le département de la Somme ayant été réservé
« à l'armée allemande, j'ai le regret de vous dire qu'Abbe-
« ville doit être évacuée et rendue, il est convenu qu'on
« n'y frappera ni contribution de guerre ni réquisition.
« Abbeville ne sera soumise qu'à sa quote-part dans les
« charges du département de la Somme. Givet nous est
« réservé par la convention, ainsi que Landrecies. »

Malheureusement, M. Jules Favre a négligé de faire

signer par le diplomate prussien cette convention, qu'on ne frappera Abbeville « ni de contribution de guerre ni de réquisition, » et il oublie aussi de faire connaître officiellement à la municipalité d'Abbeville, ce détail qui, cependant, avait bien son importance. De plus nous verrons plus loin que, quand on s'adressera à lui pour avoir des renseignements précis, il ne répondra pas ou le fera en termes vagues.

Dans l'ouvrage de M. Lehautcourt que nous avons cité plus haut, nous voyons que le général Cosseron de Villenoisy avait obtenu du général Gœben, l'autorisation d'envoyer à Paris, pour réclamer au sujet d'Abbeville, le chef d'escadron auxiliaire d'artillerie, Adolphe Matrot, et que M. Jules Favre emmena de suite cet officier à Versailles, auprès du chancelier. Voici en quels termes cette entrevue est rapportée. — « M. de Bismarck les écouta en
« se promenant à grands pas dans le salon : Sans doute,
« exclama t-il, si vous m'aviez dit que vous aviez réarmé
« Abbeville, occupé des positions à Reuwez en avant de
« Givet, je vous les aurais laissés, mais vous ne m'en avez
« point parlé. C'est signé. On ne peut revenir là-dessus.
« Vous agissez toujours avec la même imprévoyance. Vous
« me mettez dans un extrême embarras pour approvi-
« sionner Paris, car c'est moi maintenant qui suis obligé
« de vous nourrir. Jamais vous n'auriez dû attendre le
« dernier moment pour traiter. C'est votre faute. C'est
« votre faute, si je me trouve dans un si grand embarras,
« répétait-il sur le ton d'un maître d'école qui réprimande
« avec bienveillance, et son interlocuteur paraissait confus
« d'avoir causé un tel déplaisir à un si bon homme. » —
Ces détails montrent bien quelles attitudes prirent ces deux hommes d'Etat dans les négociations qui précédèrent l'armistice.

Le 3 février, le commandant Babouin qui ne pouvait plus retarder l'évacuation, écrit au commandant de la garde nationale, la lettre suivante : « Mon cher Comman-

« dant, j'ai l'honneur de vous faire connaître, qu'en vertu
« d'ordres supérieurs, vous devez, aujourd'hui même,
« faire verser à l'artillerie, les armes de la garde natio-
« nale. En vous exprimant la douleur immense que
« j'éprouve, vous aurez néanmoins à faire procéder immé-
« diatement au désarmement de la garde nationale et à
« assurer, en ce qui vous concerne, l'exécution de l'ordre
« ci-dessus. Veuillez agréer, mon cher Commandant, la
« nouvelle assurance de mes sentiments les plus affec-
« tueux. Signé : Babouin. » Le commandant Carpentier
communique immédiatement cette lettre aux gardes nationaux, en les invitant à s'y conformer de suite.

Le clairon résonne encore une fois dans les rues de la
ville, pour requérir chevaux et voitures, afin de transporter promptement des vivres à Paris. Un télégramme
daté du 3 janvier, venant de Paul Bert, qui avait succédé
au docteur Tételin à la préfecture du Nord, avait été affiché ; il était ainsi conçu : « Une dépêche de Jules Favre,
« datée de Versailles, ordonne de diriger en hâte, grandes
« quantités d'approvisionnements, comestibles et com-
« bustibles, sur Dieppe, pour être expédiés de là à Paris.
« Veuillez prendre toutes mesures nécessaires et donner
« la plus grande publicité possible à la présente dépêche.
« Le gouvernement laisse le commerce libre, aucune
« réquisition à redouter. Paris doit être ravitaillé cette
« semaine. Signé : Bert. »

Tout espoir est perdu, il n'y a plus qu'à attendre l'entrée
de l'ennemi. Aussi le 5 février, la garnison d'Abbeville,
ayant à sa tête le commandant Babouin, abandonne la
ville et se retire par la porte Marcadé. Elle va s'établir
derrière l'Authie, entre Verton et Hesdin. Deux jours
auparavant, tout le matériel de guerre avait été dirigé sur
Montreuil.

Le commandant Babouin, avec l'aide des autorités constituées et avec le concours de toute la population, avait,
sans jactance, pris des mesures utiles et énergiques pour

résister sérieusement. Il avait montré ce que l'on peut faire dans une ville sans défense, lorsqu'aux talents militaires se joignent les mâles résolutions. Mais, hélas! toutes les mesures prises furent inutiles, Abbeville devait tomber aussi aux mains de l'ennemi. Quoiqu'il en soit et malgré nos revers, on peut dire hautement, que si le triomphe définitif n'a point couronné les efforts de nos troupes, les faits montrent que leur lutte n'a pas été sans gloire, qu'il y a eu de notre part un élan de courage et d'abnégation auquel l'ennemi lui-même a rendu hommage. Pendant l'occupation, beaucoup d'Abbevillois ont entendu des soldats de l'armée prussienne, dire : « L'armée du Nord, oh! bonne armée, Faidherbe, bon général. » Ils disaient qu'on ne savait jamais où était Faidherbe, qu'il les forçait à marcher toujours et ne leur laissait aucun repos.

La seconde partie de la guerre a montré au monde l'immensité des ressources de la France. Un gouvernement improvisé réussit à organiser des armées qui luttèrent pied à pied. Parmi les troupes qui combattirent et moururent pour la patrie, l'armée du Nord fut au premier rang; ce sera son éternel honneur.

CHAPITRE VI

De l'armistice à la signature des préliminaires de paix

28 janvier — 26 février 1871.

Ainsi qu'on l'a vu dans les pages qui précèdent, le préfet Lardière et le sous-préfet Gavelle avaient été impuissants à former une commission municipale, pour remplacer le conseil municipal dissous le 15 décembre. La plupart des notables d'Abbeville avaient été convoqués dans le cabinet du préfet, et avaient été l'objet de sollicitations plus ou moins pressantes, mais tous ou presque tous, avaient refusé leur concours, non par égoïsme, et pour éviter les ennuis de la vie publique, mais parce que, d'une façon générale, ils désapprouvaient l'attitude du préfet, et tout particulièment, la mesure prise contre le conseil municipal.

Aucun doute n'était plus possible, sur l'entrée prochaine, immédiate pour ainsi dire des Prussiens à Abbeville, et pour défendre, vis-à-vis d'eux, les multiples intérêts de la ville et des habitants, il n'y avait guère que l'officier municipal provisoire, M. Drincourt, dont le dévouement n'était pas douteux, mais qui, déjà âgé et fatigué, ne pouvait évidemment suffire ; il existait bien aussi une commission, composée de dix contribuables pris parmi les plus imposés de la ville, mais cette commission qui ne fonctionnait pas, ne demandait qu'à être relevée de son mandat, et d'ailleurs, tout en rendant hommage au dévouement et à l'honorabilité de ses membres, on peut dire qu'elle était insuffisante, pour remplir la lourde tâche qu'allait imposer l'occupation prussienne.

Beaucoup d'Abbevillois se préoccupaient vivement de cette situation. Quelques-uns d'entre eux prirent l'initiative de démarches, ayant pour but de parer au danger. On convoqua quelques notables qui se réunirent le 3 février, d'abord rue Jeanne-d'Arc, 24, puis rue Saint-Gilles, 90. Près de cent personnes qui assistaient à cette seconde réunion, se rendirent chez le préfet, pour lui demander de rapporter l'arrêté de dissolution du conseil municipal. Pendant que la foule se massait dans la cour, une délégation composée de MM. Lemaître-Riquier, l'un des initiateurs de la démarche, de Touchet et Mallet chez lesquels on s'était réuni, et Paillart, qui, comme journaliste, avait eu occasion de voir quelquefois M. Lardière, fut introduite dans le cabinet du préfet. Parlant au nom de cette délégation, M. Mallet fait remarquer au préfet, la situation fâcheuse créée à la ville, qui n'a, pour ainsi dire, personne pour défendre ses intérêts, contre les exigences des Prussiens, dont l'entrée ne peut tarder, et faisant appel à ses bons sentiments, lui demande de rapporter son arrêté du 15 décembre, et de rappeler à l'hôtel de ville, l'ancien conseil municipal. Mais, le laissant à peine achever, M. Lardière déclare, que voulant prouver ses sentiments sympathiques pour les Abbevillois, il nomme maire d'Abbeville, M. Mallet, qui pourra composer comme il l'entendra, une commission municipale de 27 membres. M. Mallet répond, qu'il ne peut accepter la mairie, et insiste vivement pour obtenir le rappel de l'ancien conseil, mais M. Lardière refuse. La délégation lui demande alors d'adjoindre à la commission de 10 membres qu'il a nommée, les 17 conseillers municipaux inscrits les premiers sur le tableau ; nouveau refus. — Mais, dit-on au préfet, voulez-vous que l'on tire au sort, les 17 membres à désigner, parmi les 27 conseillers municipaux ? — Soit, répondit-il, mais à la condition que le nom de M. Calluaud ne sera pas dans l'urne. — Les délégués ne peuvent accepter l'ostracisme dont on veut frapper l'ancien délégué à la mairie. Ils quittent le préfet, qui offre toujours de ratifier la désignation des membres d'une commission municipale, et avec les nombreuses personnes qui les attendaient dans la cour, ils retournent chez M. de Touchet, rue Saint-Gilles, où ils rendent compte de leur entrevue. Il était bien évident que le préfet n'accepterait aucune combinaison, permettant la rentrée de M. Calluaud à l'hôtel de ville, mais qu'il consentirait à nommer une commission municipale. En présence de ce parti-pris, il devenait impossible de persister à demander le rappel de tout ou partie de l'ancien conseil, et comme les intérêts des habitants exigeaient impérieusement la présence à la mairie, d'hommes capables de les défendre, on résolut d'en passer par la volonté du préfet, et d'accepter la nomination d'une commission de 27 membres. On retourna auprès de M. Lardière, qui, malgré de nouvelles et pressantes instances, persista dans son attitude intransigeante et prit l'arrêté suivant :

« Préfecture de la Somme. Le Préfet, vu le décret du
« 24 septembre 1870, considérant que la situation faite au
« département de la Somme, et spécialement à l'arrondis-
« sement d'Abbeville, par l'armistice conclu récemment,
« peut amener l'occupation prochaine de la ville d'Abbe-
« ville, par les troupes allemandes, que pour sauvegarder
« et discuter les intérêts de cette ville, il convient de pour-
« voir à l'organisation d'une commission administrative,
« que cette mesure réclamée par l'intérêt public, aura
« pour effet, de mettre fin au mandat provisoire du comité
« récemment institué et qui, dans les circonstances que
« nous traversons, a rendu des services, que le préfet est
« heureux de reconnaître publiquement, arrête :

« Art. 1er. — Sont nommés membres de la commission
« administrative de la ville d'Abbeville, MM. Bachelier,
« président, F. Alexandre, d'Aumale, de Beaufort, Boudot,

« Boullon, Edouard de Caïeu, Chérest, Clovis Chivot,
« Dautrevaux, Delepierre, Gastaldi, Guillaumin. Alfred
« François, Jules Hubert, Leullier, Henri Ledieu, Oswald
« Macqueron, Mallet avoué, Marcille notaire, Charles
« Paillart, Poirel, Ernest Prarond, Racine, Auguste Ri-
« quier, de Touchet, de Villepoix.

« Art. 2. — La commission entrera immédiatement en
« fonctions. Le Président désignera ses assesseurs.

« Art. 3. — M. le Sous-Préfet d'Abbeville est chargé
« d'assurer l'exécution du présent arrêté. Fait à Abbeville,
« le 5 février 1871. Le Préfet de la Somme, J. Lardière.

Quelques heures plus tard, le Préfet prend un autre arrêté ainsi conçu : « Art. 1er. La préfecture du dépar-
« tement est transférée provisoirement à Rue. — Art. 2.
« Toutes les affaires administratives ressortissant de la
« préfecture, seront traitées à Rue. — Art. 3. Le présent
« arrêté sera inséré au recueil des actes administratifs.
« Fait à Abbeville, le 5 février 1871. Signé : Lardière. »

A peine nommée, la commission municipale fait placarder l'avis suivant :

« A nos Concitoyens,

« Dans les circonstances critiques que nous traversons,
« en présence des difficultés nombreuses, dont la prompte
« solution est impérieusement réclamée, par les intérêts
« de la ville et des particuliers, après avoir proposé eux-
« mêmes plusieurs combinaisons dont aucune n'a pu
« aboutir, quelques citoyens ont accepté la lourde charge
« de représenter, temporairement, l'administration muni-
« cipale. La nouvelle commission n'a d'autre ambition que
« de parer de son mieux, dans l'intérêt de tous, aux diffi-
« cultés de l'heure présente.

« En consacrant leur travail, leur temps et leur dévoue-
« ment au service de la cité, tous les membres qui la
« composent tiennent essentiellement à faire connaître à
« leurs concitoyens, qu'ils s'empresseront de déposer le

« mandat qui leur est confié, aussitôt que les circonstances
« leur permettront de se retirer.

« Eloignés jusqu'à présent, pour la plupart, des affaires
« publiques, ils n'ont pas cru devoir, à l'heure du péril,
« refuser l'appel qui leur était fait; ils espèrent que la
« bienveillance de leurs concitoyens rendra leur tâche
« plus facile, et leur mandat plus aisé. » (Suivent les noms
des 27 membres de la commission.)

Et le même jour, dimanche 5 février 1871, à huit heures du soir, la commission municipale se réunit à l'hôtel de ville sous la présidence de M. Bachelier(1), mais elle avait à peine désigné M. Paillart comme secrétaire, que l'on remet au Président une lettre d'un commandant prussien, datée de Saint-Pierre-à-Gouy, annonçant que le lendemain 2,000 hommes d'infanterie, 150 cavaliers et une batterie d'artillerie arriveraient à Abbeville; après avoir accusé réception de cette dépêche, la commission dut à l'instant même délibérer sur les mesures à prendre. Un membre proposa d'envoyer une députation au-devant des Prussiens, pour leur demander de loger les soldats dans les casernes, et pour obtenir des conditions aussi douces que possible. Un autre fit observer ce qu'il y avait d'humiliant à se rendre au-devant des Prussiens; il ajouta qu'il y avait beaucoup de chance, pour que cette démarche fut infructueuse, les Prussiens ne devant pas accepter de loger dans les casernes, avant de les avoir visitées, et il proposa que le Président et quelques membres de la commission se rendissent aux portes de la ville, pour s'entendre avec les chefs allemands lorsqu'ils arriveraient; mais la commission crut devoir nommer une délégation composée de MM. de Touchet, Guillaumin,

---

(1) En signant l'arrêté qui nommait la commission, M. Lardière avait proposé de nommer Vice-Présidents, MM. Poirel et Mallet, mais celui-ci s'y était opposé, en disant que si le Président ne suffisait pas, les membres de la commission désigneraient eux-mêmes deux Vice-Présidents.

Mallet et François, chargée d'aller au devant des Prussiens, et de s'entendre avec eux sur les conditions de l'occupation.

La plupart des membres de la commission durent passer la nuit pour préparer des billets de logement.

Le 6 février, jour de deuil pour Abbeville, et l'un des plus sombres de son histoire, les quatre délégués partaient à six heures du matin ; ils rencontraient à Longpré, les Prussiens au nombre de 2,500, dont 2,000 hommes de la 16e division d'infanterie. Le colonel von Hannecken qui commandait la colonne, les reçut dans un café où, tout en montrant la satisfaction que lui causait la démarche faite auprès de lui, il déclara que ce ne serait qu'à Abbeville même, et après avoir vu les casernes, qu'il pourrait décider s'il était possible d'y installer ses hommes, et d'éviter aux habitants la charge du logement. Comme on craignait que des Prussiens ne fussent déjà à Abbeville, lorsque la délégation y rentrerait, le commandant donna aux délégués, un jeune officier qui devait le représenter, auprès de la municipalité abbevilloise. En passant à Epagne, on vit, en face du château, un attroupement qui s'était formé, parce que des hussards prussiens s'emparaient d'un cheval appartenant à M. de Beaupré, malgré la résistance énergique de celui-ci. En dépit de l'intervention des membres de la commission municipale, et de l'officier allemand qui les accompagnait, le cheval fut pris et emmené.

A leur retour, les délégués trouvèrent Abbeville occupée par les Prussiens. Voici ce qui s'était passé : on croyait que ceux-ci arriveraient entre midi et une heure, par la porte Saint-Gilles. Le Président de la commission municipale, accompagné de 10 membres de cette commission, s'était rendu à cette porte, où on lui assura que les Prussiens n'arriveraient que vers trois heures ; il revint à l'hôtel de ville, mais peu après, des cavaliers prussiens entraient par la Portelette, puis la musique prussienne se faisait entendre sur la place du Marché au Blé, où le Président se rendit en toute hâte, et rencontra le commandant du détachement. Les membres de la commission s'empressèrent de prendre les mesures nécessaires, pour répartir équitablement entre les habitants les soldats prussiens.

Nous devons dire que l'attitude de la population d'Abbeville a été d'une dignité et d'une correction parfaites, en ces douloureuses circonstances. Beaucoup de magasins étaient fermés, les volets, les persiennes de la plupart des maisons l'étaient aussi ; les Abbevillois étaient sous le coup d'une poignante émotion. Leur ville ne s'était pas rendue, elle n'avait pas davantage été conquise, et cependant elle était livrée à l'ennemi, qui l'occupait militairement. Tous les sacrifices faits pour sa défense étaient restés inutiles, et pourtant ses habitants étaient bien décidés à lutter jusqu'au bout, derrière les vieux remparts de la ville déclassée. Beaucoup d'entre eux auraient, sans hésiter, risqué leur fortune, et même leur existence, pour éviter de voir l'ennemi s'asseoir à leurs foyers ; mais, hélas ! tous les sacrifices, tous les dévouements, de même que le plus ardent patriotisme, devaient rester inutiles.

L'aspect de la ville est des plus mornes, les Prussiens sont partout, ils envahissent toutes les rues. De loin en loin, on aperçoit des sentinelles. La prise de possession s'est accomplie, avec la méthode ordinaire des Prussiens ; on entend à chaque instant le cliquetis des sabres, et cette occupation s'annonce de suite comme devant donner lieu à des incidents désagréables et irritants. Dès le premier jour, des réclamations sont formulées à l'occasion du logement des troupes, et ces réclamations se renouvelleront, incessantes, jusqu'au départ de l'ennemi.

Une commission de l'ancien conseil municipal avait, pendant plusieurs mois, revu et mis au point la liste des logements militaires, mais cette liste était établie d'après la valeur locative des habitations, et uniquement en prévision du logement. Il ne s'agissait plus maintenant de loger seulement, il fallait aussi nourrir les soldats prussiens, et bien des personnes qui pouvaient facilement procurer le logement à deux hommes, ne se trouvaient pas dans la situation de leur fournir la nourriture. Il fallut donc modifier complètement l'assiette du logement, et dresser une nouvelle liste. Malheureusement, on n'avait pas eu le temps de faire cette liste avant l'occupation. La sous-commission qui avait été nommée pour s'en occuper, dut donc s'acquitter de sa mission sur le champ ; elle le fit en s'inspirant du désir d'être impartiale dans la répartition de ce lourd impôt, et en cherchant surtout à soulager les ouvriers et les employés, sauf à augmenter la charge des personnes riches et aisées. Et lorsqu'elle fut obligée, par suite de l'importance des troupes, d'imposer le logement à des familles peu fortunées, elle leur fit donner tous les jours des bons de viande.

Les complications qui se produisaient étaient pour ainsi dire inextricables ; il était impossible de les éviter et très difficile de les faire disparaître. Un chef prussien, d'une troupe arrivant en ville, demandait à la mairie 150 billets de logement qu'il affirmait être indispensables, pour loger ses hommes ; force était bien de les lui remettre. Mais il se trouvait qu'il avait un nombre d'hommes inférieur à celui déclaré, et que par suite des billets restaient sans emploi ; ces billets étaient remis à des soldats, mécontents de leur logement, qui les utilisaient, ou bien ils étaient simplement laissés de côté. Par suite de ces circonstances et d'autres analogues, impossibles à prévoir, il pouvait se faire qu'un riche propriétaire n'eut pas de soldats, quand son voisin, un modeste employé, en avait, — il arrivait aussi que des officiers exigeaient que leurs hommes fussent logés dans le quartier qu'eux-mêmes habitaient ; — si on résistait, on courait le risque de voir les soldats s'installer, sans billets, chez les habitants ; si on cédait, on s'exposait à surcharger une rue ou un quartier, dont les habitants se plaignaient, avec raison, de loger plus de troupes que ceux du quartier voisin.

La sous-commission des logements était accablée de réclamations, la plupart mal fondées. Elle avait à lutter contre les exigences des uns, et la mauvaise volonté des autres. Son rôle était des plus difficiles et surtout des plus désagréables. Ceux-ci ne devaient pas loger parce qu'un tel ne logeait pas en ce moment; ceux-là avaient quatre hommes quand ils ne devaient en avoir que deux. On se plaignait, de ce que les Prussiens mangeaient trop, ou qu'ils étaient d'une exigence excessive, ou encore qu'ils fumaient trop, ou qu'ils étaient malpropres, etc., etc... Les uns affirmaient sérieusement, que leurs sentiments patriotiques ne leur permettaient pas de loger ainsi l'ennemi. Les autres soutenaient non moins sérieusement, qu'étant obligés de s'absenter, on devait les dispenser de loger; ou bien encore, c'était un boutiquier qui prétendait avec entêtement, que les commerçants ne devaient pas le logement, ou un contribuable, qui déclarait faussement avoir des malades dans sa famille. On avait beau essayer de faire comprendre à tous ceux qui se plaignaient à tort, que leurs plaintes n'étaient pas fondées; c'étaient des récriminations, parfois même des injures. Quant aux lettres anonymes, il en pleuvait et toutes, ou presque toutes les dénonciations qu'elles contenaient, étaient fausses.

Afin de diminuer le nombre des réclamations, et aussi pour pouvoir accueillir, au besoin, celles qui, par hasard, étaient fondées, on chargea cinq agents de police, qui se partagèrent la ville par quartier, de se rendre compte de la situation. Ce service, organisé avec soin, permit de répartir aussi équitablement que possible la charge du logement, entre tous les habitants; on décida que les pompiers, qui étaient astreints à un service pénible, seraient dispensés en partie du logement.

Dès le 6 février, le Président de la commission municipale fait publier l'avis suivant : « Les habitants d'Abbe-
« ville sont informés qu'ils sont tenus de nourrir les soldats

« prussiens, qu'ils ont à loger chez eux ; chaque soldat a
« droit par jour à : 500 grammes de viande avec légumes,
« 500 grammes de pain, 1 litre de bière, le matin une tasse
« de café noir. Toutes les réclamations doivent être adres-
« sées savoir : celles des Allemands à l'officier de place,
« qui a son bureau, place Saint-Pierre, n° 26, pavillon du
« Génie ; celles des habitants, à la mairie. »

Les Prussiens exigent qu'on leur fournisse par cheval, 6 kil. d'avoine, 3 kil. de foin et 1 kil. 500 de paille.

Les 7 et 8 février, de nouvelles troupes prussiennes arrivent à Abbeville, ainsi que dans les communes de l'arrondissement, et on apprend qu'elles frappent les villages de contributions de guerre.

Le commandant du corps prussien a consenti à faire loger les chevaux des soldats dans les casernes, mais il n'accepte pas le casernement pour les chevaux des officiers. Il entend que, provisoirement, les troupes soient, conformément aux ordres, qu'il dit avoir reçus, logées et nourries par les habitants ; il promet d'écrire au général commandant en chef, pour faire cesser cette charge, qui d'ailleurs, selon lui, ne constituerait pas une réquisition. Les officiers exigent que leurs ordonnances soient logées avec eux.

Le 8 février, le commandant du corps d'occupation adresse la lettre suivante au Président de la commission municipale : « Le commandant soussigné, après avoir
« écouté le rapport de la commission municipale, et pour
« prévenir tout malentendu, communique à la mairie ce
« qui suit : Toutes les troupes qui sont actuellement à
« Abbeville, et qui peuvent encore y arriver (ce qui est
« possible) seront logées chez les bourgeois, et devront
« être nourries, hommes et chevaux. La mairie doit fournir
« tous les locaux qui pourront être réclamés, et qui peu-
« vent servir, soit de corps de garde, soit de chambres
« d'arrêt, ou d'ateliers d'ouvriers ; il est bien entendu que
« ces locaux doivent être chauffés et éclairés. Pour régler

« toutes les affaires ayant rapport au logement et à la
« nourriture, une commission a été nommée par nous,
« laquelle commission a pris son bureau à la mairie, où
« toutes les affaires de son ressort seront réglées direc-
« tement avec les autorités locales. La réquisition de
« voitures et de chevaux ne sera faite, que sur un mandat
« du major de la place, M. le lieutenant Plœnnig. Pour ce
« qui concerne la nourriture, le commandant soussigné
« s'en rapporte à ce qui a déjà été décidé hier, et vous
« fait remarquer, que le Président de la commission de
« logement, le premier lieutenant von Mellensheim, a
« été chargé de prendre des arrangements avec la ville,
« afin de déterminer de quelle façon on pourrait installer,
« dans un hôtel, une table d'hôte, pour déjeuner et dîner,
« à l'usage du corps d'officier entier, ceci soit aux frais
« de la ville, soit aux frais des logeurs. »

La municipalité ayant déclaré qu'elle manquait de cigares et de tabac, et qu'elle ne pouvait en fournir aux troupes prussiennes, le commandant d'armes lui adresse le billet suivant : « A la mairie d'Abbeville, vous êtes
« invité à donner immédiatement avis, de l'époque à
« laquelle vous pourrez fournir des cigares et du tabac,
« aux détachements et troupes d'occupation : chaque soldat
« a le droit de réclamer par jour, cinq cigares, et un quart
« de livre de tabac. »

En présence de ces exigences, la municipalité télégraphie au général Faidherbe, pour lui demander quelles sont, au juste, les obligations de la ville.

Les habitants des faubourgs fournissant du fourrage, pour les chevaux, on voudrait, en compensation, essayer de les dispenser du logement militaire ; mais on ne sait si l'on y parviendra. Déjà l'officier de place a dit, que des soldats seraient logés au faubourg des Planches. On a amené des faubourgs quatre voitures de fourrages, qui, conduites dans la cour du grand quartier, y ont été pillées par les soldats prussiens. On avait déjà beaucoup de peine à se procurer la paille et le foin nécessaires, et il est à craindre que désormais, on n'en trouve plus. Désireuse de connaître l'étendue des obligations des habitants, la commission municipale, dans sa séance du 7 février, désigne une commission composée de MM. Guillaumin, Mallet, Poirel et de Touchet, pour aller conférer avec le commandant des troupes prussiennes. Cette démarche est faite dès le 9 février, mais elle reste pour ainsi dire sans résultat. D'abord le commandant prussien nie avoir déclaré, que les habitants ne logeraient et nourriraient ses soldats que pendant quelques jours. On convient cependant que tous les bons de réquisition seront désormais signés par l'officier de place, qui y apposera son cachet. Les délégués se plaignent des abus commis par les Prussiens. Le commandant riposte que lui aussi a à se plaindre du peu d'empressement apporté à faire droit à ses demandes, et fait comprendre qu'à l'avenir, ses désirs pourront être formulés d'une façon plus impérative. Les délégués emportent de leur visite, cette impression, qu'il ne faut pas relever les détails ennuyeux, sauf à discuter énergiquement les questions importantes, qu'il n'y a pas lieu de s'adresser, dès maintenant, aux autorités supérieures prussiennes, et qu'il faut attendre que des faits nouveaux, et d'une certaine gravité, rendent cette démarche vraiment nécessaire.

Le commandant prussien fait demander, le 7 février, le président de la Commission municipale ; M. Bachelier, empêché, charge M. Mallet de le suppléer. Le commandant explique à celui-ci qu'il est chargé d'imposer à la ville une contribution de 50 francs par habitant, et qu'il le faisait appeler pour lui demander quel est le nombre exact des habitants, afin de fixer le chiffre de la contribution de guerre. A cette demande, M. Mallet répond, qu'aux termes du traité d'armistice, la ville d'Abbeville est exempte de toute contribution de guerre et que, dès lors, il n'y a pas lieu de s'occuper du chiffre de la population.

Cette demande du commandant prussien n'a pas eu de suite, et il n'en a plus été question.

Le 8 février, l'administration municipale, par ordre des autorités allemandes, informe ses concitoyens, qu'ils doivent immédiatement déposer à la mairie, toutes les armes à feu et armes blanches, dont ils sont détenteurs, et les engage à étiqueter leurs armes ou à les renfermer dans des caisses, en les prévenant que le dépôt de ces armes devra être terminé pour le lendemain deux heures, sous peine d'amende.

Le dimanche 8 février, des élections avaient lieu à Abbeville, comme par toute la France, pour nommer des députés à l'Assemblée nationale. Le vote avait lieu au scrutin de liste. Les onze députés nommés par le département de la Somme, furent : MM. le général Faidherbe, l'amiral Dompierre d'Hornoy, le général Changarnier, Magnier d'Ytres, Blin de Bourdon, de Raineville, de Beauvillé, Courbet-Poulard, de Rambures, Gauthier de Rumilly et Calluaud. Comme on le voit, Abbeville et son arrondissement avaient trois députés : MM. Courbet-Poulard, de Rambures et Calluaud. Il y avait une autre liste composée de candidats plus avancés, dits républicains, mais elle ne réunit qu'une minorité peu importante.

On apprend que MM. Jules Simon, Emmanuel Arago, Pelletan et Garnier-Pagès sont arrivés à Bordeaux, et que Gambetta a donné sa démission de membre du gouvernement et de ministre de l'intérieur et de la guerre.

Un Prussien, nommé de Mutius, arrive à Abbeville et s'établit à la sous-préfecture, avec le titre de sous-préfet ; il prétend à l'administration de tout l'arrondissement. Un piquet de gendarmes prussiens, conduit par un prétendu secrétaire général de la préfecture allemande de la Somme, nommé Otto Welter, envahit brusquement la mairie de Rue, dans la soirée du 8 février, au moment où le bureau électoral procédait au dépouillement du scrutin. Otto Welter, après avoir placé ses gendarmes aux portes, fit irruption dans le cabinet du maire où MM. Ansart, conseiller de préfecture, Dutilleux, sous-préfet par intérim d'Abbeville, Foucart et Vitoux, employés de la préfecture, s'occupaient des affaires administratives. Il les somma de cesser immédiatement leur travail, et de lui remettre tous les papiers en leur possession. MM. Ansart et Dutilleux répondirent qu'ils ne reconnaissaient nullement l'autorité du gouvernement prussien, qu'ils ne cesseraient leurs fonctions que sur l'ordre du préfet français, et qu'ils se refusaient à toute remise volontaire de pièces administratives. Mais le Prussien ayant exigé impérieusement cette remise, ils durent s'exécuter, après avoir toutefois rédigé une protestation que signa Otto Welter, constatant qu'ils ne cédaient qu'à la force. M. Lardière avait réussi à gagner Boulogne où il avait transféré le siège de la préfecture de la Somme.

Les réclamations motivées par l'occupation sont toujours très nombreuses, et la Commission municipale prévient les habitants par un avis affiché dans toute la ville, qu'un officier allemand est installé à l'ancien bureau du commissaire de police, à l'hôtel de ville, pour recevoir toutes les déclarations résultant des difficultés pouvant survenir entre eux et les soldats allemands. En outre, la Commission municipale décide que quelques-uns de ses membres resteront en permanence à l'hôtel de ville.

Afin de se conformer à l'ordre formel du commandant du corps d'occupation, on a dû installer deux mess pour les officiers prussiens, et les habitants sont informés que ceux qui logent des officiers ne sont pas tenus de les nourrir, mais qu'ils doivent payer à l'hôtelier le prix de leur nourriture. Quelques jours plus tard, cette décision a été rapportée, à la demande des Prussiens, et les mess ayant été supprimés, les personnes qui logeaient les officiers ont dû continuer à les nourrir.

Le petit quartier est réquisitionné pour y établir une

ambulance, avec les lits que les habitants avaient fournis à la ville pour les blessés français, et qui avaient été affectés pendant quelque temps aux mobiles.

On raconte que les Prussiens exigent des communes rurales de fortes contributions de guerre.

Les commissaires locaux des faubourgs sont convoqués à l'hôtel de ville, afin de s'entendre avec la sous-commission qui s'occupe des réquisitions, sur les mesures à prendre pour les faubourgs. Il y avait, pour ainsi dire, disette de fourrages ; en priver les habitants c'était les mettre dans l'impossibilité de conserver leurs bestiaux, même ceux indispensables à la culture. Sur la demande des commissaires locaux, on convient que la ville traitera avec M. Frost qui livre habituellement du fourrage à la garnison, afin qu'il fournisse aux Prussiens les approvisionnements que l'on aurait demandés aux habitants des faubourgs, mais que ceux qui, parmi ces derniers, devaient loger des Prussiens, paieraient une somme de 3 francs par jour, à imputer par déduction sur le compte de M. Frost. En conséquence, un traité fut signé, par lequel M. Frost s'engageait à faire face aux réquisitions de fourrages, et dans un but de contrôle, la Commission décida qu'une personne connaissant l'allemand, serait chargée de la réception des fourrages, et qu'en outre il serait dressé un état établissant contradictoirement, et jour par jour, les quantités livrées et reçues.

Le 9 février, la Commission municipale qui se réunit tous les soirs à l'hôtel de ville, se trouve sans président. L'honorable et sympathique M. Bachelier, déjà âgé et d'une santé un peu chancelante, s'est vu trahi par ses forces. Les fatigues des premiers jours de l'occupation l'ont rendu malade. M. Cherest, doyen d'âge, prend place au fauteuil du président, et sur la proposition de M. Poirel, la Commission nomme au scrutin secret deux vice-présidents pour remplacer le président pendant sa maladie. MM. Mallet et de Touchet obtiennent la presque unanimité des voix. Tout en remerciant la Commission de la confiance qu'elle lui témoigne, M. Mallet déclare qu'il ne peut accepter, qu'à la condition que c'est M. de Touchet qui sera le premier vice-président, ce qui est accepté par la Commission.

Comme on est toujours sans renseignements précis sur les charges résultant pour les Abbevillois de l'occupation, la Commission charge M. Paillart d'aller demander à M. le préfet Lardière des documents de nature à faire connaître l'étendue de ces charges, mais M. Lardière ne peut fournir aucune indication.

Le sous-préfet prussien, de Mutius, insiste afin d'obtenir, à titre d'avance, une somme de 5,000 francs pour subvenir aux frais de son administration. La Commission se décide à voter ce crédit, mais elle charge MM. Chivot et Paillart d'essayer d'obtenir une réduction, et déclare réserver expressément le droit pour la ville, de répéter cette avance contre l'Etat et les autres communes de l'arrondissement.

Il paraît que les Prussiens continuent à frapper les campagnes de l'arrondissement de contributions de guerre, et on craint bien qu'incessamment Abbeville ne soit frappée à son tour.

M. Jules Deray, commissaire local du faubourg de la Bouvaque, a été maltraité par les Prussiens, qui le constituent prisonnier, et l'amènent au Bourdois, où l'intervention des membres de la Commission municipale lui fait rendre la liberté.

Le capitaine des pompiers écrit au président de la Commission municipale que ses hommes, étant obligés de loger des Prussiens, ne peuvent plus faire le service des incendies. MM. François et Paillart sont spécialement délégués pour traiter la question avec le capitaine Richard.

La Commission municipale décide qu'il sera, d'urgence,

procédé à la révision de la liste des personnes qui sont tenues de loger les Prussiens.

Le 10 février, dans la matinée, de nombreux groupes d'ouvriers travaillant dans les ateliers de charité, ouverts par la ville, se rendent à la mairie et demandent qu'on les paie pour des journées pendant lesquelles ils n'ont pas travaillé. La municipalité leur répond que cette prétention ne saurait être accueillie et qu'ils seront payés seulement en raison de leur travail effectif.

L'avis suivant est publié le 11 février : « En vertu de « l'invitation qui lui a été adressée par l'autorité prus« sienne, le Président de la Commission municipale a l'hon« neur de prévenir ses concitoyens que, dans toutes les « transactions, le thaler prussien, soit en argent, soit en « papier, doit être reçu pour la somme de 3 fr. 75.

« 8 silbergroschen pour	. . . .	1 fr.
« 1 silbergros	—	0 12
« 2 1/2 —	—	0 30
« 5 —	—	0 60
« 10 —	—	1 20

« Signé : DE TOUCHET. »

Les Prussiens ferraient eux-mêmes leurs chevaux dans les forges des maréchaux, en s'emparant des clous, même des fers nécessaires. Il fallut intervenir auprès des officiers pour faire cesser cet abus.

A partir du 11 février, la Compagnie du Nord reprend son service pour Paris, dans un certain nombre de gares, dont celle d'Abbeville ne fait pas partie. La traversée de l'Oise se fait à pied sur un pont de bateaux. On ne peut effectuer d'enregistrement de bagages, et les billets, en nombre limité, ne sont délivrés que pour Paris, et sur la présentation de sauf-conduits.

M. Calluaud informe les vice-présidents de la Commission municipale, qu'ayant eu besoin à Amiens, il y a appris que le préfet prussien avait convoqué le Conseil général afin d'obtenir le vote d'une contribution de quinze millions imposée au département par la Prusse, qu'il a vu ce préfet qui, tout en prétendant que, malgré l'armistice, les armées allemandes avaient le droit de lever des contributions sur tout le pays occupé, avait cependant reconnu que, par suite d'une convention verbale intervenue entre les généraux Faidherbe et von Gœben, la ville d'Abbeville, qui n'avait jamais été occupée pendant la guerre, devait, en raison de cette situation particulière, être exemptée de toute contribution de guerre; que par conséquent le fonctionnaire prussien pensait que la ville ne devait participer en rien au paiement des quinze millions demandés au département. Mise au courant par ses vice-présidents, la Commission municipale, dans sa séance du 10 février, délègue trois de ses membres, MM. François, Mallet et Poirel, pour se rendre de suite à Amiens avec M. Calluaud qui part pour Bordeaux remplir son mandat de député, afin de défendre les intérêts de la ville, auprès du préfet prussien et du Conseil général. Malheureusement, ni M. Bachelier, conseiller général du canton Sud, retenu par la maladie, ni M. Courbet-Poulard, conseiller général du canton Nord, déjà parti à Bordeaux comme député, ne pouvaient prendre part aux délibérations du Conseil général et y soutenir les intérêts d'Abbeville.

Le 12 février, les délégués abbevillois partaient d'Abbeville en voiture avec M. Calluaud, qui ne devait plus revoir cette ville pour laquelle il avait montré tant de dévouement et dépensé toute son activité. A peine arrivés à Amiens, ils se rendaient à la préfecture où, présentés au comte Lehndorff, le préfet prussien, par M. Calluaud, nos délégués eurent le regret d'entendre ce fonctionnaire déclarer, que c'était par erreur qu'il avait exprimé l'opinion qu'Abbeville devait avoir une situation différente de celle des autres communes du département, et que, des renseignements qu'il avait pris, il résultait au contraire, qu'Abbeville devait être traitée comme les autres communes.

Les délégués abbevillois se rendirent ensuite à la séance du Conseil général où, par l'organe de M. Mallet, ils firent ressortir ce qu'il y aurait d'injuste à assimiler, au point de vue des contributions de guerre, Abbeville livrée à l'ennemi pendant l'armistice, aux communes du département conquises dès le mois de novembre ; ils firent ressortir aussi les sacrifices patriotiques, faits en vue de la défense, les besoins d'une population ouvrière dans la misère, les dépenses faites pendant de longs mois pour la nourriture des troupes, l'épuisement des ressources, l'état d'un budget municipal obéré. Ils ajoutèrent que, quel que soit le chiffre de la contribution de guerre réclamée, Abbeville et son arrondissement ne devraient rien payer si le respect du droit était observé. En conséquence, les délégués demandèrent au Conseil général, qu'Abbeville, place livrée mais non conquise, fut assimilée à Péronne, qu'aucune contribution de guerre ne lui fut imposée, et que, pour le cas où il n'en pourrait être ainsi, le Conseil général voulut bien insister auprès des autorités prussiennes pour que les parts de ces deux villes, dans la contribution départementale fussent déduites de la somme exigée du département. Après en avoir délibéré assez longuement, le Conseil général, par l'organe de M. de Dompierre d'Hornoy, son président, promit d'appuyer, auprès des autorités prussiennes, les observations présentées au nom de la ville d'Abbeville.

Grâce à un laissez-passer délivré par le préfet de Lehndorff, les trois délégués purent revenir à Abbeville par le chemin de fer. Voici comment était libellé ce laissez-passer : « La direction du Chemin de fer du Nord est « requise d'accorder à M. Mallet et deux autres membres « de la Commission municipale, le libre passage, d'ici « Abbeville, avec le premier train de voyageurs ou de

« marchandises. Amiens, le 12 février 1871. Le préfet:
« DE LEHNDORFF. »

La Commission municipale est obligée de publier un avis portant « qu'elle n'est pour rien dans les mesures « prises samedi dernier, pour le logement des soldats « prussiens, les sergents-majors de l'armée d'occupation « s'étant seuls occupés de ce travail, que de nouveaux bil- « lets ont été délivrés pour faire cesser les abus commis, « et que tout habitant peut se refuser à recevoir chez lui, « les militaires qui s'y présenteraient sans billet. »

La Commission affecte une somme de 39,811 fr. 77 au paiement des ouvriers occupés aux travaux de charité. Elle décide, toujours pour occuper les ouvriers, de faire macadamiser la place Notre-Dame. Elle constitue une sous-commission pour s'occuper spécialement des travaux de la ville. Une autre sous-commission est formée pour étudier les ressources budgétaires. Elle décide que les commerçants, obligés de recevoir la monnaie allemande, seront admis à donner cette monnaie en paiement à l'octroi.

Beaucoup de cas de petite vérole s'étaient produits. Les Prussiens ne voulant pas loger dans les maisons où sévissait la maladie, il fallut délivrer des plaques pour désigner les maisons infectées, mais la délivrance et l'usage de ces plaques, donnaient lieu à des abus et à des réclamations, que la Commission chargea ses deux vice-présidents d'examiner.

On avait dû augmenter le nombre des agents de police, et armer quelques-uns d'entr'eux ; mais dans sa séance du 13 février, la commission municipale décide la suppression de la police armée.

Dans cette même séance, la commission municipale répartit tous ses membres dans les diverses sous-commissions suivantes : Logements militaires, MM. Alexandre, Clovis Chivot, Edouard de Caïeu, Jules Hubert, Henri Ledieu, Leullier, Paillart, Racine, Auguste Riquier.

Finances : Alexandre, Boullon, Dautrevaux, Guillaumin, Macqueron, Mallet, Marcille. Fourrages et réquisitions : d'Aumale, Dautrevaux, Delepierre, François, Gastaldi, Guillaumin, Leullier, Marcille, de Touchet. Travaux et salubrité publique : Boudot, Devillepoix, Gastaldi, Macqueron, Riquier. En outre deux membres, MM. Chivot et Paillart, sont délégués pour défendre les intérêts de la ville, auprès des autorités prussiennes, et spécialement auprès du sous-préfet de Mutius. MM. de Beaufort, de Caïeu et Hubert sont chargés de s'occuper des secours à donner aux familles des militaires sous les drapeaux.

On raconte que les Prussiens, par suite de difficultés survenues à l'occasion de réquisitions, auraient fait feu sur des habitants du village de Tours, et en auraient blessé plusieurs.

L'officier de place prussien fait placarder l'avis suivant : « L'autorité prussienne prévient les habitants qu'elle exige impérieusement l'acceptation des billets de la banque prussienne, pour le montant de leur valeur. La valeur est toujours indiquée sur le billet en chiffres connus. »

Deux jours plus tard, la commission municipale est obligée de faire afficher cet autre avis : « Par ordre des autorités prussiennes, les habitants sont tenus d'accepter en paiement de leurs fournitures, les billets de banque allemands, jusqu'à vingt-cinq thalers inclusivement. En cas de refus ils s'exposeraient à des peines sévères. »

Il paraît que M. Briet-Levêque, marchand quincailler rue des Lingers, membre de l'ancien conseil municipal, avait été menacé de prison par les Prussiens, parce qu'il refusait un billet de banque allemand.

Le sous-préfet de Mutius fait prévenir, par voie d'affiche, les habitants de l'arrondissement que le commerce est libre, que chacun peut apporter dans les villes, des denrées et marchandises, sans avoir à craindre aucune réquisition.

La commission municipale se voit encore contrainte de publier l'avis suivant : « L'administration municipale a le regret de constater que parmi les déclarations de variole qui ont été faites à la commission spéciale, il s'en trouve un certain nombre d'inexactes, dont le seul but est de soustraire leurs auteurs à la charge du logement militaire. Le Vice-Président de la commission administrative croit devoir informer les habitants, que s'ils continuaient d'agir ainsi, ils s'exposeraient à toutes les rigueurs de l'autorité prussienne, qui pourrait augmenter considérablement le nombre d'hommes à loger chez les réclamants mal fondés. »

A la date du 14 février, le commandant des forces allemandes demande que la ville verse au corps d'occupation, à titre de supplément de solde pour les officiers, pendant la durée de l'armistice, 15,210 francs, montant d'une gratification de 15 francs par jour, du 6 février, date de l'occupation, au 19 du même mois, jour où l'armistice prendra fin. Voici en quels termes cette réquisition était formulée : « Le commandant informe la mairie, qu'il a été alloué en très haut lieu, aux officiers et employés de l'armée allemande, et cela pendant la durée de l'armistice, un supplément de solde de 15 francs ou 4 thalers par jour, en vue de la nourriture et du logement. Les localités occupées par les troupes seront obligées de fournir la somme. Nous envoyons ci-inclus, à la mairie, sept états, qui justifient le nombre des officiers et employés logés dans la ville, et nous informons le maire, que le payeur Wickmaval, rue des Capucins, n° 9, est chargé du recouvrement de la somme de 15,210 francs ou 4,056 thalers. Le payeur se mettra en rapport avec la mairie, pour toucher la somme dont il est fait mention ci-dessus. Von Hanneken. »

A l'unanimité, les membres de la commission municipale, considérant que c'est là, sous une forme déguisée, une véritable contribution de guerre, refusent de faire droit à cette demande. Deux de ses membres se rendent à Amiens auprès du préfet, et trois autres vont à Lille, interroger le général Faidherbe, dans l'espoir d'être enfin fixés, sur ce qu'Abbeville peut être obligée de payer aux Prussiens. Mais pendant que ces délégués se rendaient à Amiens et à Lille, l'affaire prenait une tournure assez inquiétante. Le commandant prussien qui voyait, que la ville cherchait à gagner du temps, réclamait impérieusement, dès le lendemain, le versement des fonds. La municipalité s'était adressée au sous-préfet prussien, qui avait déclaré que cette question ne le regardait pas, mais qui avait donné le conseil d'écrire au préfet, pour lui demander son avis. On écrivit de nouveau au commandant prussien pour réitérer le refus de payer, et on envoya au préfet Lehndorff, une protestation énergique contre la demande du commandant von Hanneken. Au nouveau refus qui lui est opposé, celui-ci répond par une lettre ainsi conçue : « J'ai informé la mairie que j'ai agi, d'après un ordre venant de haut lieu, en demandant les 15,210 francs, comme supplément de paie pour les officiers ; je réclame de la manière la plus positive, que cette somme soit payée par la mairie, ce soir à 6 heures. Dans le cas contraire, je me verrai obligé de prendre des mesures qui seraient plus pénibles à la mairie, que le paiement de cette somme ; je voudrais que l'échange des lettres en restât là ; si plus tard, nous avons la certitude que la ville n'est pas obligée au paiement de ladite somme, elle sera restituée sans réserve. » Un officier prussien avait dit que des mesures graves seraient prises contre la ville, si elle persistait dans son refus ; il avait même parlé d'incendie comme de chose possible. On savait que, précédemment, le commandant von Hanneken avait traité cruellement des localités qui lui résistaient ; de plus on refusait de payer, sans être bien certain qu'on avait raison. Dans cette situation, la commission municipale prend une délibération motivée par laquelle, à l'unanimité, elle décide que la somme réclamée sera payée, mais en protestant avec la plus grande énergie contre les exigences exorbitantes de l'armée allemande et contre l'abus de la force dont Abbeville est la victime. Les délégués envoyés à Amiens avaient vu le préfet prussien qui avait répondu, qu'il n'était pas compétent pour trancher la question, et ils avaient en vain sollicité une audience du général von Gœben ; mais ils avaient appris que la ville d'Amiens avait à répondre à une semblable réclamation, et que menacée de l'envoi de quatre soldats dans chaque maison, avec mission d'emporter ce qu'ils trouveraient, à leur convenance, elle venait de payer 93,000 francs. A Lille, le général Faidherbe avait répondu aux délégués abbevillois, qu'il n'avait pas encore reçu communication officielle du traité d'armistice, que la situation exceptionnelle d'Abbeville avait été signalée à M. de Bismarck, qui, tout en refusant de modifier à cet égard, les clauses de l'armistice, avait déclaré que les troupes pourraient enlever le matériel de guerre, et que la ville n'aurait pas à payer de contribution de guerre, sauf sa quote-part dans celle dont serait frappé le département tout entier. « Il est évident, a dit le général, que ce que l'on vous demande, est une contribution déguisée, mais l'autorité prussienne vous répondra, que partout où se trouvent des troupes étrangères, la même réclamation est formulée, qu'il n'y a donc là rien de spécial à Abbeville. Je suis persuadé, a-t-il ajouté, que des contraventions multipliées viendront violer l'armistice ; j'engage ceux qui en sont les victimes, et en particulier les habitants d'Abbeville, à n'obtempérer à des exigences injustes, qu'à la dernière extrémité, parce que les faits prouvent que les concessions trop faciles ne servent qu'à exciter les prétentions de l'ennemi ; mais, quant à moi, je ne puis rien pour vous venir en aide, je ne saurais et je ne peux pas intervenir, pour prendre la défense d'intérêts particuliers, je craindrais de nuire aux intérêts généraux que j'ai à sauvegarder avant tout. » Ayant pris communica-

tion d'une lettre de Jules Favre, parue dans les journaux, disant qu'Abbeville ne doit pas payer de contribution, ni être assujettie à des réquisitions, « il y a là, a dit le général Faidherbe, une erreur de secrétaire, il n'a jamais été question, à ma connaissance, d'exception de réquisition pour Abbeville. » De son côté le colonel du génie, Cosson de Villenoisy, chef d'état major du général Faidherbe, interrogé ensuite par nos délégués, reconnaissant que la situation d'Abbeville était digne d'intérêt, leur remit la note suivante : « Lorsqu'un officier fut envoyé par le
« général Faidherbe à Amiens, pour traiter de la délimi-
« tation des avant-postes, avec le général von Gœben,
« celui-ci a signalé le premier, ce que la situation d'Ab-
« beville avait d'anormal. Une observation critique de la
« cession a été faite aux signataires de l'armistice, et pré-
« sentée par un officier français, envoyé exprès à Ver-
« sailles. M. de Bismarck a reconnu, qu'il avait été induit
« en erreur, ne sachant pas Abbeville armée et occupée
« par une garnison française. Il a cependant refusé de mo-
« difier les clauses de l'armistice, et a seulement promis,
« que l'armée pourrait enlever tout ce qui lui appartenait,
« que la ville n'aurait pas à payer de contribution de
« guerre, et ne paierait que sa quote-part dans les charges
« imposées au département. Ces mots laissent dans le
« doute, si des réquisitions sont ou non justifiées. Le
« général Faidherbe pense que des contraventions par
« centaines seront faites aux clauses de l'armistice ; qu'il
« n'y a pas de chance d'en obtenir le redressement, l'en-
« nemi étant disposé à abuser de sa force ; qu'il faut éviter,
« en vue d'intérêts supérieurs, des réclamations fondées,
« mais pouvant amener de l'acrimonie dans les rela-
« tions, peut-être une rupture de l'armistice. Ces consi-
« dérations, malheureusement trop fondées, l'empêchent
« d'intervenir, pour protéger les départements livrés à
« l'occupation allemande, on ne peut donc que s'adresser
« au gouvernement. Une douloureuse expérience prouve

« que le meilleur moyen d'échapper aux exactions prus-
« siennes, est d'y résister, au lieu de se soumettre de
« bonne grâce. C'est le meilleur conseil qu'il soit possible
« de donner aux autorités d'Abbeville. Elles peuvent faire
« valoir : 1° la promesse de M. de Bismarck à M. Jules
« Favre ; 2° la teneur de l'armistice qui prescrit de rendre
« les prisonniers faits, depuis la signature de l'armistice,
« d'où on doit inférer la défense de prendre des otages.
« Enfin cette considération, qu'une contribution de guerre,
« quelle qu'en soit la forme, est un acte de guerre et est
« incompatible avec l'état d'armistice, il est impossible
« de dire dans quelle mesure les réclamations pourront
« être couronnées de succès. Lille, le 16 février 1871. Le
« colonel attaché à l'état-major général, signé : DE VILLE-
« NOISY. »

Ainsi, plus de quinze jours après l'armistice, le général Faidherbe lui-même n'avait pas encore la copie officielle du traité, et on ne pouvait savoir exactement quelles étaient les charges qui incombaient aux habitants d'Abbeville et ceux-ci, privés de renseignements, étaient obligés de subir des exigences que n'autorisaient ni l'équité, ni même les droits de la guerre.

Le 16 février voit opérer un changement de garnison des troupes prussiennes. Le corps d'occupation était composé de 2,000 hommes du 81e de ligne, 150 hussards, 150 artilleurs et 53 officiers. Il est remplacé par 21 officiers, 99 sous-officiers et 1,060 hommes du 8e bataillon des chasseurs du Rhin ; 13 officiers, 99 sous-officiers et 1,060 hommes du 28e d'infanterie ; 5 officiers, 23 sous-officiers et 140 hommes composant le 1er escadron du 7e hussards du roi ; 3 officiers, 5 sous-officiers et 84 hommes formant la 2e batterie d'artillerie ; une compagnie de sapeurs du génie composée de 4 officiers, 27 sous-officiers et 210 hommes ; une ambulance formée de 3 officiers, 6 sous-officiers et 35 hommes ; 4 officiers et 15 hommes de l'intendance ; 4 officiers et 20 hommes de la poste ; une colonne composée de 4 officiers et 15 hommes ; 9 officiers et 65 hommes formant l'état-major de la division ; 6 officiers, 6 sous-officiers et 26 hommes dont est composé l'état-major de la brigade. Cette nouvelle garnison comprend donc en tout 3,071 hommes. Elle est commandée par le général de Kummer qui est logé chez M. d'Emonville. En arrivant, ce général, voulant sans doute rassurer la population et ménager un bon accueil à ses troupes, déclare qu'on ne demandera plus de contribution en argent à Abbeville.

Le génie autorise l'administration municipale à faire, aux abords de la ville, tous les travaux qu'elle jugera nécessaires.

L'autorité prussienne rend difficile l'application des lois et règlements en matière de régie et d'octroi, et on est obligé d'augmenter le nombre des employés d'octroi.

L'exigence des Prussiens est telle que le sous-préfet, de Mutius, écrit à l'administration municipale que la ville sera frappée d'une amende de 100 thalers, pour chaque soldat prussien qui sera atteint d'une maladie vénérienne, et pour éviter un conflit à ce sujet, il est décidé qu'un médecin visitera tous les deux jours le personnel des maisons de tolérance. Il faut avouer que ces Teutons abusent singulièrement du droit que donne la force.

Un atelier de cordonniers, dont l'installation avait été prescrite, n'étant pas prêt à l'heure fixée, l'autorité prussienne menace de frapper la ville d'une contribution de deux cents francs.

Il existait au quartier de cavalerie une certaine quantité de fumier provenant de l'armée française. Les Prussiens essayèrent de le vendre à leur profit, mais ils ne trouvèrent pas d'acheteurs ; ils imaginèrent de contraindre la ville à leur en payer la valeur, par eux fixée à 84 francs, et après avoir discuté pied à pied avec eux, il fallut leur payer ces 84 francs.

La ville a à répondre à des réquisitions de toutes sortes.

On lui demande des fers et des clous pour ferrer les chevaux, du mobilier, des fournitures de bureau pour le sous-préfet, des lits pour une ambulance, enfin des objets de toute nature. Les réquisitions relatives à la nourriture des troupes étaient généralement exagérées. Le général commandant avait souvent quinze à vingt personnes à sa table. On dépensait en moyenne 200 francs par jour pour sa nourriture. Les bons de réquisition portaient des quantités considérables de champagne, de liqueurs, de londrès, etc., etc.

Les soldats qui composent la nouvelle garnison font regretter ceux qui viennent de partir. Ils sont exigeants, impérieux et bien plus encombrants que leurs prédécesseurs.

On apprend que l'armistice est prolongé de cinq jours. Il expirera le 26 février à minuit.

La Commission municipale fait afficher l'avis suivant : « On fait connaître aux habitants de la ville que chaque soldat a le droit de réclamer, par jour, comme nourriture, le matin, du café et du pain ; pour le second déjeuner du pain et un morceau de viande ; à midi, de la viande, des légumes. une bouteille de bière ou de cidre et une tasse de café ; le soir, une bonne soupe grasse et du pain ; en outre, pendant la journée, un peu de cognac. Les habitants s'arrangeront facilement avec les soldats pour l'heure des différents repas. Abbeville, le 18 février 1871. Le commandant : VON OPPELN-BRONCKOSWKI. » Cet avis n'indique pas la quantité de viande et de cognac à fournir aux soldats prussiens, ce qui fait naître bien des incidents.

Le commandant prussien a demandé à l'évêque d'Amiens et en a obtenu, l'autorisation de célébrer le service protestant dans l'église du Saint Sépulcre, et le dimanche 19 février, un office protestant a lieu dans cette église.

Le même jour, il arrive de nouvelles troupes prussiennes, pour le logement desquelles de nouveaux incidents se produisent. Le service du logement militaire se fait mieux qu'au début de l'occupation, mais quelques soins qu'on y apporte, il arrive souvent que les Prussiens se plaignent et que les habitants réclament. Les officiers du 28e de ligne surveillent moins leurs hommes que ceux du 81e.

Voici une lettre d'un officier payeur allemand qui donne une idée des réclamations saugrenues que recevait la Commission municipale : « Il est venu cette matinée un employé, de la part de la mairie, à la maison de mon logement, n° 33, rue des Rapporteurs, chez M. Masson, pour s'informer du nombre de soldats logeant ici. A la réponse qu'on lui a donnée, un officier, 4 soldats, cet employé reprit à la dame de la maison que moi, logeant ici, n'eus pas le grade d'officier mais sous-officier, à ce qu'on m'a dit à dîner. Je vous prie, Messieurs, de donner des renseignements à cet employé et lui donner l'ordre de venir répondre à son erreur à la maison même, qui serait autrement une « insultation » pour moi, après cela, je vous demanderai de réponse. Agréez, Messieurs, l'assurance de ma plus haute considération. (Signature illisible), officier payeur au 1er bataillon, 69e régiment d'infanterie, 33, rue des Rapporteurs. »

On reçoit enfin à la mairie, par l'intermédiaire de M. Lardière, ancien préfet de la Somme, une dépêche contenant une réponse de M. Jules Favre à diverses questions que, sur la demande de la Commission municipale, lui ont posées nos députés, MM. Calluaud et Courbet-Poulard. M. Jules Favre déclare qu'il a obtenu de M. de Bismarck, qu'aucune contribution de guerre ne serait imposée à Abbeville. Les vice-présidents de la Commission municipale transmettent immédiatement cette dépêche au sous-préfet prussien, en lui demandant de nouveau de faire rembourser à la ville les 15,210 francs exigés par le commandant von Hanneken, pour la haute paie des officiers.

Des habitants demandent que la ville fasse disparaître certains travaux que le génie militaire a fait exécuter sur leurs immeubles, dans l'intérêt de la défense, mais la Commission municipale s'y refuse, par le motif que ce n'est pas la ville qui a demandé ni fait exécuter ces travaux. De leur côté, les commissaires locaux des faubourgs paraissent croire, à tort également, que la ville est responsable de certains dommages causés à des propriétés des faubourgs en vue de la défense, et leur demande, de faire constater ces dommages par l'architecte de la ville, n'est pas davantage accueillie.

Les Prussiens continuent à émettre des prétentions injustifiées, et pour obtenir satisfaction, ils ne craignent pas de recourir aux plus graves menaces, pillage, exécution militaire, incendie, contributions de guerre, etc. Ainsi ils ont besoin d'un cheval pour un de leurs officiers, ils font des menaces et on est obligé de leur céder encore une fois, en leur donnant un cheval appartenant à M. Arthur Prarond, qui consent à s'en dessaisir.

Le 21 février, on reçoit à la mairie d'Abbeville un pli de M. Dauphin, maire d'Amiens, contenant copie d'une lettre datée du 17 février émanant du préfet prussien et adressée au maire d'Amiens. Voici cette lettre : « Monsieur le Maire, une contribution de quinze millions de francs a été imposée au département de la Somme. A défaut d'un nombre suffisant d'employés administratifs, que je puisse charger de la répartition et de la réception régulière de cette contribution, j'ai reçu l'ordre de m'adresser à vous et de rendre la ville d'Amiens responsable, en première ligne, du recouvrement de cette somme. Vous êtes donc requis de faire distribuer cette contribution en assignant, sans délai, à chaque commune, la quote-part qu'elle doit payer ; de recevoir à la caisse de la ville les paiements des communes ; de verser à la caisse de la préfecture, tous les soirs, à six heures, l'argent qui sera rentré dans la journée ; de me faire un rapport tous les matins, des mesures que vous avez prises la veille, et de m'envoyer de même, chaque jour, un registre des communes qui seraient restées, en partie ou en totalité, en retard de plus de vingt-quatre heures.

« Je vous remets, sous ce pli, un registre qui contient le total des quatre impôts directs, calculé pour chaque commune d'après la cotisation légale de l'année 1870. Je vous engage à distribuer la contribution, sur les communes, d'après les proportions de ces totaux. Je vous engage à accorder aux maires des communes 2 % des sommes réellement payées, pour la perception ; vous augmenterez donc de 2 % le chiffre de quinze millions avant d'en faire la répartition.

« Ce travail fait, vous m'informerez immédiatement du chiffre de la quote-part de la ville de Péronne dans cette contribution ; comme cette quote-part ne sera pas exigée par moi, ce chiffre est à déduire des quinze millions.

« Vous informerez dans les vingt-quatre heures, après réception de cette lettre, chaque maire, de la somme qui est à payer par sa commune, et vous leur accorderez quarante-huit heures à chacun, pour le versement de cette somme à la mairie d'Amiens.

« Les mesures d'exécution que j'emploierai ne se borneront pas aux communes qui seront en retard de paiement. Je me réserve de tenir responsables les chefs-lieux de canton, les chefs-lieux d'arrondissement, et la ville d'Amiens de tous les retards sans exception.

« J'ai de même reçu l'ordre de faire payer immédiatement, dans tout le département, quatre douzièmes des impôts directs, augmentés de 150 %, pour remplacer les contributions indirectes. Je vous requiers de faire procéder à ce paiement de la même manière. La ville d'Amiens en sera spécialement responsable. Toutes les conditions et termes, ainsi que l'exception de la ville de Péronne, sont les mêmes que pour la contribution des quinze millions ; seulement, vous pourrez faire déduire 2 % de bénéfice de perception pour les maires et 1 % pour les frais de la caisse de la ville d'Amiens, de toutes les sommes réellement payées, sans augmenter auparavant le chiffre total de ces 3 %. Le préfet : Comte LEHNDORFF. »

M. Dauphin accompagnait cet envoi de la lettre suivante : « Monsieur et collègue, j'ai l'honneur de vous adresser copie de la lettre que j'ai reçue hier soir de M. le comte Lehndorff, préfet prussien. Ses exigences ne sont pas seulement énormes, quant au chiffre des sacrifices que l'autorité prussienne impose au département et qui s'élèvent à une somme de vingt millions environ. Elles créent, en outre, pour les chefs-lieux de canton et d'arrondissement, et pour la ville d'Amiens, une responsabilité qui, sans dégager celle des communes, constitue un mode de perception contraire aux lois françaises et à l'équité.

« En ma qualité de maire d'Amiens et aussi en votre nom, j'ai protesté énergiquement contre la réquisition que j'ai reçue avec ordre de vous la transmettre. Mais à vous, il appartient de décider quelle conduite vous tiendrez dans ces circonstances graves et douloureuses ; et je crois devoir vous faire connaître que, d'après le tableau que me fait remettre le préfet prussien, votre commune serait imposée sur le taux de 231,937 francs, chiffre du total des quatre contributions directes de l'exercice 1870 ; vous auriez donc, suivant les prétentions exorbitantes de l'autorité prussienne, à verser : 1° pour quatre douzièmes des impôts directs augmentés de 150 % pour remplacer les contributions indirectes, la somme de 193,281 francs ; 2° pour votre part dans la contribution de guerre de quinze millions, fixée en proportion du total de ces mêmes impôts directs, la somme de 613,489 francs. Total : 806,770 francs. Je ne sais quelles résolutions vous adopterez, mais je dois vous dire celles que vient de prendre le Conseil municipal d'Amiens. Il consent, sous l'empire de la force, à offrir, pour tout versement, une somme égale au montant des quatre douzièmes des quatre contributions directes augmentés de 150 % pour remplacer les impôts indirects. Pour le surplus, j'espère que le Conseil général de la Somme, assemblé en ce moment, parviendra à obtenir une réduction, et cette réduction obtenue, à réaliser la somme nécessaire au moyen de ressources départementales. S'il échouait dans cette entreprise, la commune que j'administre, dans l'impossibilité de réunir une somme supérieure, serait obligée d'attendre, avec courage et résignation, le sort que la dureté du vainqueur ferait subir à nos propriétés et à nos personnes. Je crois savoir qu'un certain nombre de communes, sous le coup de la menace, ont déjà versé des acomptes. Ces sommes versées seront nécessairement décomptées des paiements à faire. Je vous prie, Monsieur et collègue, de me faire savoir sans retard la décision de votre commune. Veuillez agréer, etc... Signé : Dauphin. »

L'émotion fut vive à la mairie, lorsqu'on reçut cette réquisition, qui mettait la ville en demeure de payer, dans un bref délai, la somme énorme de 806,770 francs. Les vice-présidents communiquèrent de suite ces deux lettres, à la commission municipale qui décida, qu'avant de donner une réponse, la demande des Prussiens serait examinée, dans une réunion qui aurait lieu le soir même, et à laquelle seraient convoqués, outre les membres de la commission, les trente plus imposés de la commune, et les membres de l'ancien conseil municipal. De plus MM. Marcille et François partirent à l'instant même pour Amiens, afin d'essayer de savoir quelle était réellement l'attitude de la municipalité d'Amiens, en présence de la demande des Prussiens.

Dans la réunion qui eut lieu le soir, à laquelle assistaient la plupart des membres de l'ancien conseil municipal et des trente plus imposés, MM. Mallet et Paillart rappelèrent les nombreuses démarches faites par les membres de la commission, non seulement auprès des autorités prussiennes d'Abbeville, mais aussi auprès du conseil général, du maire d'Amiens, du préfet prussien, de l'ancien préfet Lardière, du général Faidherbe à Lille, ainsi que celles faites par MM. Calluaud et Courbet-Poulard auprès de M. Jules Favre.

Après une longue discussion à laquelle prirent part MM. Frémaux, Gavelle, Monchaux, Watel, Ernest Riquier, Paillart et Mallet, dans laquelle on examina si la ville devait faire droit à la réquisition et quelle somme elle devrait payer, l'assemblée déclara s'en rapporter à la commission municipale pour les mesures à prendre dans l'intérêt de la ville, et reconnut que, dans le cas où il faudrait payer tout ou partie de la somme réclamée, le seul moyen de se procurer des fonds consistait à faire un appel à nos concitoyens, en prenant l'engagement de leur payer un intérêt de 7 %, des sommes qu'ils avanceraient à la ville. Au moment où, à onze heures du soir, on allait lever la séance, M. Marcille, arrivant d'Amiens, fait connaître que la municipalité de cette ville est décidée à payer les 4/12 réclamés et qu'elle a déjà versé 240,000 francs, que pour se procurer tous les fonds nécessaires, elle se propose de contracter un emprunt à l'étranger. M. Dauphin ne connaît pas plus que nous, les raisons de la demande exorbitante des Prussiens, il ne peut que répéter le mot de Jules Favre : « Les Prussiens ont réservé les impôts, sinon comme droit de guerre, au moins comme abus de la guerre. » Il est près de minuit, lorsque les membres de la commission se séparent, en s'ajournant au lendemain neuf heures du matin, afin de prendre un parti, et de donner une réponse aux Prussiens, qui doivent s'impatienter, parce que le délai de quarante-huit heures qu'ils ont fixé, est déjà expiré.

Le lendemain matin la commission municipale se réunit. Les délégués qui sont allés la veille à Amiens donnent de nouveaux détails sur leur voyage, ils apprennent notamment que la ville de Rouen, ayant refusé d'acquitter une contribution de guerre, les Prussiens ont mis les scellés sur les portes de maisons de commerce, et ont empêché les habitants de sortir de leurs maisons, jusqu'au paiement de la contribution demandée. Une discussion, longue et un peu confuse, s'engage entre les membres de la commission sur la question de savoir quel parti on prendra et quelle réponse on donnera aux Prussiens. Pendant cette discussion, M. Mallet rédige et soumet à ses collègues un projet de délibération ainsi conçu : « Considérant que de l'avis des hommes d'Etat et des généraux français, la ville d'Abbeville doit être exemptée de toute contribution de guerre.

« Considérant que la ville d'Abbeville n'a pas été prise de vive force, et qu'elle n'a été occupée par les Allemands qu'en vertu d'un armistice, ce qui constitue en réalité une capitulation intervenue, à la condition qu'aucune contribution de guerre ne serait réclamée.

« Considérant qu'Abbeville a fait des dépenses considérables, pour organiser une défense énergique, en vue de l'attaque dont elle a été longtemps menacée, et pour loger et nourrir les nombreux soldats qui ont tenu garnison dans ses murs, que ses ressources sont épuisées.

« Considérant que la contribution dont les autorités militaires allemandes frappent le département de la Somme, a été imposée postérieurement à l'armistice intervenu entre les armées belligérantes, qu'en droit comme en équité, cette contribution ne devrait pas être demandée au département, et qu'à supposer qu'elle puisse l'atteindre, la ville d'Abbeville, dont la situation n'est pas la même que celle de la plupart des autres communes du département, devrait en être exempte.

« Considérant que la ville, qui a, en ce moment, à pourvoir aux dépenses importantes, occasionnées par le séjour des troupes prussiennes ; d'une part, prétend ne pas devoir la contribution qui lui est réclamée, et d'autre part, déclare ne pouvoir satisfaire à une demande aussi exorbitante.

« Considérant que, dans un but de conciliation, la ville d'Abbeville pourra seulement, en faisant appel à toutes ses ressources, payer la somme de 48,320 francs, représentant un douzième du principal des quatre contributions directes, et 150 % pour les contributions indirectes.

« Considérant qu'en procédant ainsi, la ville d'Abbeville paiera aux armées allemandes, les contributions directes et indirectes afférentes à tout le mois de février quoiqu'elle n'ait pas même été occupée pendant tout ce temps, que d'ailleurs les contributions directes et indirectes ont été acquittées au trésor français jusqu'au 31 janvier dernier, que la détermination prise par certaines communes du département, de payer 4/12 des contributions directes, n'est aucunement en contradiction avec la décision prise par la ville d'Abbeville, puisque ces communes sont occupées depuis quatre mois.

« En conséquence, la commission municipale déclare protester, par tous les motifs qui précèdent, contre la contribution énorme dont est frappé le département, et qui atteint la ville d'Abbeville, pour une somme importante, et émet l'avis de payer pour sa quote-part, dans cette contribution, la somme de 48,320 francs, représentant le douzième afférent au mois de février, pour le principal des quatre contributions directes, et pour les 150 % réclamés pour les contributions indirectes. »

Ce projet, immédiatement approuvé à l'unanimité, est transformé en délibération.

La commission décide qu'une délégation partira le jour même pour Paris et Versailles, afin de présenter cette délibération aux autorités allemandes et au gouvernement français, et de soutenir les intérêts de la ville auprès des pouvoirs compétents. Cette mission est confiée à MM. Boullon et Mallet. La commission décide aussi, qu'un exemplaire de la délibération sera porté au préfet prussien par une autre délégation.

De plus, et afin de parer à toute éventualité, on convient, que le jour même, les membres de la commission, qui se partageront la ville par quartier, feront un pressant appel à tous nos concitoyens, afin de réunir, dans le plus bref délai, la contribution demandée, sauf à ne payer, que le minimum, et le plus tard possible. Les sommes ainsi avancées seront remboursées aux prêteurs, soit par des bons municipaux de 5 et 10 francs, payables dans six mois sans intérêts, soit par des obligations de 100 francs chacune, payables le 1er mars 1872 et rapportant 7 % d'intérêt.

Le même jour, à trois heures après midi, MM. Boullon et Mallet montaient en voiture dans la cour de l'hôtel de ville, et partaient pour Paris, dans le but de tenter encore une fois d'obtenir justice pour Abbeville. Arrivés le soir à Amiens, ils apprennent qu'ils ne pourront prendre le train pour Paris qu'au milieu de la nuit. En attendant, et pendant quelques instants de repos qu'ils prennent à l'hôtel du Rhin, ils font prier quelques amis de venir les voir. L'un d'eux interrogé sur ce qui se passe, et sur ce que fait la ville d'Amiens, en réponse à la demande exorbitante des Prussiens, leur déclare « que M. Dauphin, avec son habileté accoutumée, a su ménager les intérêts de la ville ; il a dit aux Prussiens : Nous n'avons plus d'argent, mais nous paierons quand même, vous nous devez un million que nous vous avons versé lors de votre entrée, pour garantir que la ville resterait tranquille, au lieu de le rembourser, vous le garderez. — Soit, répondit le négociateur prussien, nous acceptons, mais à la condition que vous nous aiderez à faire payer par les autres communes, les contributions que nous demandons. » Ce renseignement permettait aux délégués abbevillois d'apprécier sainement la situation. En réalité, M. Dauphin qui ne se faisait aucune illusion sur le sort du million payé lors de la prise d'Amiens, et qui savait bien qu'il était perdu pour la ville, en renonçant à le réclamer, n'abandonnait rien, et évitait de payer sa part dans la contribution de guerre demandée. Ce qu'il avait fait là, était correct au point de vue des intérêts de sa ville, mais ce qui l'était moins, c'était son attitude vis-à-vis d'Abbeville et des autres communes du département, auxquelles il disait : « Il faut payer, Amiens paie, il n'y a pas à résister. »

Partis d'Amiens à dix heures du soir, nos délégués arrivaient à Paris, à sept heures du matin, et se rendaient à pied, à leur hôtel. Les fiacres ne circulaient plus, tous les chevaux ayant été abattus pendant le siège. Ils se présentèrent de suite au Ministère de l'Intérieur, d'où, après avoir parlementé un peu, ils télégraphiaient, sous le couvert du Ministère de l'Intérieur, le télégraphe ne fonctionnant pas encore pour les particuliers Leur télégramme était ainsi conçu : « Paris, 23 février, 11 h. 50 matin. M. le Ministre de l'Intérieur à M. de Touchet, maire d'Abbeville. Renseignements pris à Amiens, intérêts différents, attendez. Signé : MALLET et BOULLON : Approuvé par le Ministre, le chef du cabinet. Signé : FOURNIER. » En outre, ils adressaient le soir, au président de la commission municipale, la lettre suivante, qui devait passer sous les yeux des autorités prussiennes : « Nous n'avons pu voir ni Bismarck ni Jules Favre, mais nous avons obtenu des lettres de recommandation pour quelques personnages influents que nous allons voir. Tenez-vous en énergiquement aux 48,000 francs offerts, n'allez pas au-delà, vous avez dû recevoir un télégramme de M. Fournier, chef du cabinet du Ministre de l'Intérieur. Nous rentrerons samedi soir. Au Ministère des Affaires étrangères, on nous éconduit indignement. Nous espérons cependant être admis auprès du Ministre. Les négociations actives qui ont lieu en vue de la paix, font que certaines portes resteront fermées, on n'aura pas le temps de nous recevoir. » Cette lettre transmise par la poste prussienne, qui seule fonctionnait, ne parvint à Abbeville que le 27 février. Il est permis de supposer que les Prussiens en ont intentionnellement retardé la remise, dans l'espoir d'obtenir plus facilement, le paiement de la contribution qu'ils demandaient.

Au Ministère des Affaires étrangères, MM. Boullon et Mallet étaient reçus par un secrétaire de M. Jules Favre, qui, avec beaucoup de désinvolture, les éconduisait, en disant que M. Jules Favre n'avait pas à les recevoir, parce qu'il ne pouvait rien faire pour Abbeville. Les délégués d'Abbeville voyaient ensuite M. Fournier, chef du cabinet du Ministre de l'Intérieur, M. Fleury, sous-directeur du même ministère, M. Desprez, directeur des affaires politiques au Ministère des Affaires étrangères, qui tous déclaraient que les ministres ne pouvaient rien faire. Quant à M. Jules Favre, il ne répondait même pas à une lettre lui demandant une audience. N'obtenant rien à Paris, les délégués abbevillois se décidèrent à aller à Versailles. Mais auparavant, ils obtenaient à la préfecture de police, le laissez passer suivant : « Laissez circuler librement, aller et retour, sur le chemin de fer de Versailles à Paris, M. Ferdinand Mallet, vice-président de la commission municipale d'Abbeville (Somme), allant à Versailles, pour affaires d'administration. Paris, le 23 février 1871, vu par le préfet de police. Signé : CRESSON. Par autorisation du général en chef, général (illisible). »

Après avoir essayé, mais en vain, de se faire admettre auprès de M. de Bismarck, puis auprès de M. le gouverneur Fabrice, qui, leur répondait-on, étaient absents tous deux ; après avoir vu un Abbevillois, M. Lefebvre de Bécourt, puis M. Franchet d'Esperet, sous-gouverneur de Versailles, et ensuite M. Saint-Marc Girardin, académicien et député, ils se rendirent chez M. le comte de Nostiz, commissaire civil prussien pour la région du Nord, à qui ils exposèrent la situation si digne d'intérêt d'Abbeville. Ce fonctionnaire, après les avoir courtoisement écoutés, et après avoir pris communication de la délibération de la Commission municipale, reconnut que la réclamation qui lui était soumise était fondée, qu'Abbeville ne devait payer les impôts qu'à partir du jour où elle avait été effectivement occupée et qu'on devait lui tenir compte, lors du versement de sa quote-part de ces impôts, des 15,210 francs payés à titre de supplément de solde pour les officiers du corps d'occupation, et il remettait à MM. Boullon et Mallet une lettre pour le comte Lehndorff, préfet d'Amiens, lui prescrivant de se conformer, lors du règlement, à cette manière de voir. Il ne paraissait pas douteux que la plupart des autres communes de l'arrondissement devaient être traitées de la même façon qu'Abbeville. Aussi, MM. Boullon et Mallet télégraphièrent-ils de suite l'heureux résultat de leur démarche, aux maires des cantons ruraux de l'arrondissement. Ils envoyèrent à la Commission municipale la dépêche suivante : « Portons au comte Lehndorff lettre du comte Nostiz disant de réclamer à Abbeville un douzième seulement, la contribution départementale réservée, serons Amiens demain soir. Envoyez un collègue hôtel du Rhin à quatre heures. Signé : MALLET et BOULLON. Approuvé par le ministre de l'intérieur. Signé : E. PICARD. » Les deux délégués se hâtèrent de rentrer à Abbeville, afin d'assurer à nos concitoyens le bénéfice de la décision qu'ils avaient obtenue du commissaire civil prussien.

Le douzième payé par la ville s'élevait à 42,353 fr. 85. Comme on le voit, la Commission municipale avait bien fait de résister. Non seulement les autorités françaises, mais les ennemis eux-mêmes avaient fini par reconnaître que la thèse soutenue dans la délibération de la Commission était fondée, et que la ville, contrairement à ce que disait M. Dauphin, ne devait qu'un douzième de ses impôts.

Quelques jours plus tard, le 28 février, M. Jules Favre adressait à MM. Mallet et Boullon la lettre suivante :

« Messieurs, vous vous êtes présentés au ministère des affaires étrangères afin de m'entretenir des réclamations de l'arrondissement d'Abbeville, au sujet des contributions qui lui ont été imposées par l'armée allemande. Cette difficulté a été particulièrement l'objet de notre sollicitude pendant les négociations de Versailles, et je m'empresse de vous informer de la solution qu'il nous a été possible d'obtenir. Ainsi que le constate le *Journal officiel* de ce matin, il a été arrêté que les troupes allemandes s'abstiendraient à l'avenir de prélever des contributions extraordinaires. Les habitants des territoires occupés sont encore, il est vrai, redevables de l'impôt envers les autorités prussiennes, mais seulement jusqu'à la ratification des préliminaires de paix. J'ai l'honneur de vous envoyer ci-joint un exemplaire du *Journal officiel* d'aujourd'hui, qui renferme le texte même de ces stipulations. Recevez, Messieurs, l'assurance de ma parfaite considération. Signé : Jules FAVRE. »

Dès le 24 février, le préfet de Lehndorff recevait du comte Nostiz cette dépêche : « Suivant le rapport de MM. Mallet, vice-président et Boullon, membre de la Commission municipale, à Abbeville, on a demandé le paiement des contributions de quatre mois aux parties de l'arrondissement qui n'ont été occupées qu'à la suite de l'armistice. Ceci me paraît inadmissible et, d'après mon avis, on ne doit exiger que les contributions du mois de février, vu que l'administration française a existé jusqu'à la fin de janvier. En ce qui concerne la contribution générale de guerre, il faut appliquer les principes généraux, c'est-à-dire si la population est paisible et montre de la bonne volonté et si elle paie un tiers des contributions, y compris le supplément de solde, jusqu'au 26, les deux tiers restants seront ajournés pour un temps indéterminé. Le commissaire civil. Signé : von NOSTIZ. » Aussi, lorsque le 26 février, M. Boullon remit au comte Lehndorff la lettre obtenue du comte Nostiz, ce fonctionnaire prussien s'empressa-t-il de lui déclarer que de récentes instructions lui apprenaient qu'Abbeville devait être assimilée à Péronne, et, par conséquent, n'aurait rien à payer de la contribution départementale, ajoutant qu'une lettre conçue en ce sens venait d'être par lui adressée à M. Dauphin, maire d'Amiens, qui, aux yeux des autorités prussiennes, avait la situation de préfet du département de la Somme.

Pendant ces négociations, le sous-préfet, de Mutius, avait demandé et exigé le versement d'une somme de 5,000 francs pour ses frais d'administration, en affirmant qu'il en serait tenu compte à la ville. En effet, ce fonctionnaire ayant convoqué, pour le 23 février, les maires des chefs-lieux de canton à la sous-préfecture, les 10,000 francs versés par la ville d'Abbeville, en deux fois, furent répartis proportionnellement au nombre des habitants de chaque canton, et la part d'Abbeville fut fixée à 1,734 fr. 89. De plus, chaque maire de chef-lieu de canton prit l'engagement de verser 100 francs pour la quote-part de son canton, dans les frais d'entretien et de nourriture du sous-préfet prussien.

A la même époque, M. Dauphin écrivait au président de la Commission municipale, pour demander qu'Abbeville se joignit aux autres communes du département, afin de contracter un emprunt dans l'intérêt du département; mais avant de donner une réponse définitive, la municipalité d'Abbeville lui demande quelques renseignements. Sur ces entrefaites, M. Boullon, après avoir remis la lettre du comte Nostiz au comte Lehndorff, va voir M. Dauphin pour lui faire part du résultat favorable obtenu à Versailles pour Abbeville, et afin de lui demander une copie de la lettre à lui transmise par le préfet, constatant l'assimilation d'Abbeville à Péronne, mais le maire d'Amiens refuse de faire cette remise; il dit que les Abbevillois sont des égoïstes, qu'ils s'isolent du reste du département dans un moment où il faudrait, au contraire, s'unir et s'entr'aider, que l'opinion publique les jugera sévèrement, que, d'ailleurs, il ne craignait rien pour Amiens (?) et que les petites communes se tireraient d'affaires comme elles le pourraient, etc., etc. Cette attitude était peut-être habile, mais elle était injuste envers les Abbevillois, surtout de la part de M. Dauphin qui, comme on l'a vu plus haut, avait fait passer les intérêts d'Amiens avant ceux des autres communes du département.

Le 22 février, le sous-préfet écrivait au Président de la Commission municipale : « De par M. le sous-préfet de l'arrondissement d'Abbeville, ordre est donné à tous les maires des communes de l'arrondissement, d'obéir aux demandes de réquisition qui leur seront faites par les maires des chefs-lieux de canton de cet arrondissement, même quand les communes ou les cantons réquisitionnés se trouveraient dans une zone neutre ou non occupée, et cela sous peine d'une amende de 1,000 francs contre la commune qui aura refusé d'obéir à l'ordre donné par le maire du chef-lieu de canton. »

Les bruits les plus pessimistes circulaient à Abbeville ; on disait que les diplomates chargés de négocier les conditions d'une paix définitive ne parvenaient pas à s'entendre, que l'armistice allait être dénoncé, et qu'à partir du 26 février, à minuit, nous allions nous retrouver en état de guerre. Les Prussiens doublaient tous leurs postes, et prenaient ostensiblement des mesures en vue de la reprise des hostilités ; mais le 27 février, dans la matinée, le sous-préfet, de Mutius, faisait afficher une dépêche télégraphique ainsi conçue : « Le sous-préfet de l'arrondissement d'Abbeville fait connaître aux habitants que les préliminaires de la paix sont signés, l'armistice est prolongé jusqu'au 12 mars. » C'était la paix avec ses humiliations, mais c'était aussi une ère de calme qui s'ouvrait après de longs mois d'inquiétudes, d'angoisses et de douleurs patriotiques.

CHAPITRE VII

Des préliminaires de paix à la Commune
27 février — 18 mars 1871.

On pouvait espérer que, la paix étant signée, les rigueurs de l'occupation ennemie seraient atténuées et que les Prussiens se montreraient un peu moins exigeants. Malheureusement, il n'en fut rien et les relations des habitants avec les Prussiens continuèrent à être aussi tendues qu'auparavant.

Le 27 février, le sous-préfet, de Mutius, recevait du général commandant la 16e division la lettre suivante : « Après le départ du 4e escadron du régiment de hussards n° 9, le 2e escadron de ce régiment a reçu l'ordre d'évacuer les faubourgs d'Abbeville et d'occuper les écuries et les logements qui ont été occupés jusqu'à présent par le 4e escadron. La mairie s'est opposée à cet arrangement en refusant la proposition qui lui a été faite, concernant le logement. Dans l'intérêt de la ville, nous avions l'intention de loger quelques compagnies des bataillons d'infanterie dans les faubourgs, après leur évacuation, par l'escadron de hussards, mais la division ne peut pas accorder à la mairie d'Abbeville le droit de s'opposer à un ordre donné par l'autorité militaire. M. le sous-préfet est prié de vouloir bien informer la mairie que l'escadron ci-dessus désigné occupera, le 27 de ce mois, les logements à lui désignés, que le maire fasse des billets de logement ou non. »

Comme on le voit, le Prussien donne des ordres et il faut obéir.

Le même jour, le Président de la Commission municipale reçoit une lettre du sous-préfet le prévenant « que le commandant de la place trouve que l'on doit employer un plus grand nombre d'ouvriers aux travaux de déblaiement des fortifications, et l'invitant à prendre immédiatement des mesures pour assurer l'exécution de cet ordre. »

La Commission municipale est saisie d'une question qui faisait alors quelque bruit à Abbeville. Un négociant de cette ville, M. Amédée Lefebvre, avait, dans les premiers jours de janvier, acheté à MM. Petithomme père et fils, de Beauvais, des couvertures de laine qui, expédiées à l'acheteur, étaient tombées, le 9 janvier, à Picquigny, entre les mains des Prussiens. Un de leurs officiers avait signé et remis une réquisition au transporteur, qui l'avait transmise à MM. Petithomme expéditeurs. Ceux-ci avaient obtenu du comte Lehndorff, à la date du 26 janvier, une réquisition mettant le prix de ces couvertures à la charge de la ville d'Abbeville. Muni de cette réquisition, M. Lefebvre demande des fonds à un membre de la Commission municipale qui répond que la ville ne doit rien. De nouvelles démarches sont faites auprès des autorités prussiennes et, le 24 février, le préfet prussien délivre une nouvelle réquisition ainsi libellée : « La ville d'Abbeville est requise de payer, en vertu de mon arrêté de réquisition du 9 janvier, à l'ordre de M. Lefebvre, négociant à Abbeville, la somme de 1,080 fr. 40, valeur facturée de 67 couvertures de laine réquisitionnées sur la route d'ici Abbeville, en destination audit M. Lefebvre. L'arrêté date avant la prétendue libération de toute réquisition accordée à la ville d'Abbeville, et celle-ci doit y faire justice sans délai et remise. Si la ville s'y refusait, des ordres sont donnés pour assurer l'exécution par force militaire. » L'agent de MM. Petithomme, fort de cette pièce et de l'appui des Prussiens, met, le 25 février, le Président de la Commission municipale en demeure de payer de suite l'importance de la réquisition. Le Président refuse et envoie un délégué à Amiens, pour réclamer auprès du comte Lehndorff ; mais sa réclamation n'est pas accueillie. Un rapport très complet de M. Marcille conclut, pour éviter une exécution militaire, « au paiement d'une somme de 800 francs, chiffre auquel la réclamation est réduite, tout en blâmant l'attitude de M. Lefebvre, et en réservant les droits de la ville, aussi bien contre M. Lefebvre que contre tous autres qu'il appartiendrait. » Après une longue et complète discussion qui démontre que la somme réclamée n'est pas due par la ville d'Abbeville, et que ceux mêmes qui opinent pour le paiement, émettent cet avis, par le motif que les intérêts de la ville exigent de ménager autant que possible les autorités prussiennes, la Commission municipale, par 21 voix sur 23 votants, décide qu'il n'y a pas lieu de payer à M. Lefebvre les 800 francs réclamés.

Le 28 février, une bien triste nouvelle parvient à Abbeville. M. Calluaud, qui est parti, il y a quinze jours à peine, pour remplir son mandat de député à l'Assemblée nationale de Bordeaux, vient de mourir dans cette ville, après quelques jours de maladie seulement. La Commission municipale, dans sa séance du 28 février, exprime tous ses regrets pour cette mort prématurée qu'elle considère comme un deuil public pour Abbeville. M. Calluaud était sous-préfet d'Abbeville ; lorsque survint la révolution de 1848, il résigna ses fonctions. Il était conseiller général de la Somme pour le canton de Moyenneville lors du coup d'Etat du 2 décembre 1851. L'avènement de l'Empire le fit rentrer dans la vie privée. En 1863, il se présenta aux élections pour le Corps législatif contre M. Sénéca, ancien conseiller à la Cour de cassation, mais il échoua, bien qu'à Abbeville même il eut obtenu la majorité. Il fut élu conseiller municipal en 1865, puis réélu en 1870. Il remplit, ainsi que nous l'avons vu plus haut, à titre de conseiller délégué, les fonctions de maire d'Abbeville du 17 septembre au 15 décembre 1870. Il consacra tout son temps et tout son dévouement aux intérêts d'Abbeville; malheureusement, il se trouva en lutte avec le préfet, M. Lardière, à propos des mesures à prendre pour la défense de la ville. M. Lardière, représentant du pouvoir central, s'inspirant des idées de Gambetta, voulait résister à outrance, même lorsque la lutte était pour ainsi dire impossible et inutile. Selon lui, Abbeville, sans troupes et sans canons, devait, avec sa seule garde nationale, résister et se laisser bombarder. M. Calluaud, dont le patriotisme était certainement égal à celui de M. Lardière, trouvait qu'Abbeville ne devait résister que si on lui donnait des troupes et de l'artillerie, mais qu'il était inutile d'exposer la ville à un bombardement, sans profit appréciable pour la défense nationale. S'exagérant un peu la gravité de la situation, M. Calluaud crut devoir, pendant quelque temps, passer ses nuits sur un matelas dans l'une des salles de l'hôtel de ville, avec un revolver sous son oreiller, en sorte qu'aux émotions et aux fatigues de chaque jour il ajoutait les insomnies de la nuit. C'est certainement pendant son séjour à l'hôtel de ville, que la santé de M. Calluaud a commencé à s'altérer et qu'il a contracté les germes de la maladie qui l'a emporté, et on peut dire, sans exagérer, qu'en vaillant patriote et en bon citoyen abbevillois, il a dépensé toutes ses forces à la défense des intérêts de la cité qu'il habitait depuis longtemps, qu'il aimait, et dont les habitants lui avaient, à diverses reprises, témoigné la plus grande sympathie.

Comme des difficultés continuent à surgir à l'occasion de la nourriture des soldats prussiens, le commandant du corps d'occupation promet de faire afficher, dans toutes les communes de l'arrondissement, un avis indiquant, en français et en allemand, les rations de pain, viande et boisson que les habitants doivent fournir.

Le Président de la Commission municipale invite par affiche les personnes ayant fourni des réquisitions de toute nature à l'armée allemande, au compte de la ville, depuis le 6 février, à remettre immédiatement à la mairie, bureau des réquisitions, leurs factures et les ordres de réquisition à l'appui.

M. Lardière avait fait saisir et retenir des sels appartenant à un négociant de Vignacourt, M. Dailly. Celui-ci obtient du sous-préfet prussien d'Abbeville, un ordre pour la mairie d'Abbeville de remettre ces sels, sous peine d'amende, et le sieur Dailly rentre en possession de sa marchandise.

La Commission municipale décide que les agents de la police armée seront maintenus jusqu'au 15 mars.

Les ateliers communaux continuent à fonctionner d'une manière satisfaisante.

L'emprunt sollicité à domicile, le 22 février, par les membres de la Commission municipale, pour couvrir le montant de la contribution de guerre exigée par les Prussiens, a réussi au-delà de toutes les prévisions. 249 souscripteurs ont versé 189.490 francs, décomposés comme il suit : 12 souscriptions de 5,000 à 8,000 francs, 15 de 2,000 francs, 50 de 1,000 francs, 47 de 500 francs, 103 de 100 à 500 francs, et 22 de moins de 100 francs. Ce résultat montre que les Abbevillois s'étaient rendus compte de la gravité de la situation.

Deux délégués de la Commission municipale se rendent de nouveau à Amiens, afin d'essayer de mettre un terme aux réquisitions en nature et en espèces, d'obtenir le remboursement des 15,210 francs versés pour la haute paie des officiers prussiens, et la remise d'une copie régulière de la dépêche qui assimile Abbeville à Péronne ; mais cette démarche reste encore une fois sans résultat.

On apprend que l'Assemblée nationale, par 546 voix contre 107, a ratifié les préliminaires de la paix et il est permis d'espérer que les Prussiens nous delivreront bientôt de leur présence.

Le 6 mars, le sous-préfet adresse à la municipalité la lettre-circulaire suivante : « Monsieur le Maire, les ordres que j'ai donnés le mois dernier aux maires des chefs-lieux de canton, au sujet des réquisitions, n'ayant pas été compris par les maires, je les résume de nouveau pour plus de clarté. Le maire d'une commune complètement épuisée par des réquisitions, et encore occupée par les troupes allemandes, doit s'adresser directement au maire de son chef-lieu de canton pour les réquisitions demandées à sa commune et que celle-ci ne saurait fournir. Le maire du chef lieu d'un canton occupé, doit d'abord réclamer les réquisitions aux communes de son canton, qui ne seraient pas occupées, ou qui n'auraient pas été écrasées antérieurement par les réquisitions. Toutes les réquisitions doivent être adressées par les maires des chefs-lieux de canton directement aux maires des chefs-lieux de canton voisins, non occupés ou placés dans la zone neutre. Par exemple, Nouvion et Saint-Valery pourront réquisitionner le canton de Rue ; Abbeville et Ailly-le-Haut-Clocher pourront réquisitionner le canton de Crécy. Les maires des chefs-lieux réquisitionnés feront une répartition consciencieuse entre toutes les communes de leur canton. Il y a dans ce partage égal une question d'équité qu'ils ne sauraient méconnaître. Les maires qui procéderaient contrairement au présent ordre, pourraient être taxés de mauvais vouloir ou d'incapacité, et encourraient une sévère répression. Dans l'espoir que vous vous conformerez strictement à mes ordres, agréez, Monsieur le Maire, mes sincères salutations. Le sous-préfet impérial et royal de l'arrondissement d'Abbeville : DE MUTIUS, lieutenant-colonel. »

Le même jour, ce fonctionnaire envoie à la municipalité d'Abbeville une autre lettre ainsi conçue : « De nombreuses plaintes ayant été faites, à l'occasion de personnes qui se font accorder des remises sur la monnaie prussienne, qui leur est donnée en paiement de marchandises ou de billets à ordre et lettres de change, j'ai l'honneur de vous inviter à communiquer aux commerçants et banquiers, dans l'intérêt du public, que toutes les monnaies prussiennes, papier-monnaie et argent, doivent être reçues en paiement, sans aucune espèce de retenue, et que toute personne convaincue d'avoir perçu une retenue quelconque sera frappée de peines sévères. Je vous prie de m'envoyer la signature de tous les banquiers de la ville attestant que cet ordre leur a été communiqué. » Ce message fut envoyé en communication à tous les banquiers d'Abbeville, qui en accusèrent réception.

En lisant les deux lettres qui précèdent, on ne se douterait pas que, le jour où elles ont été écrites, la paix était conclue. Le vainqueur, continuant à abuser de la force, donne des ordres, formule des exigences et, malheureusement, il n'était pas possible de lui répondre par un refus formel.

M. Lefebvre n'a pas abandonné sa réclamation ; il écrit au sous-préfet prussien pour lui demander son concours, afin d'obliger la ville à lui payer les 800 francs, prix de ses couvertures de laine, et le sous-préfet écrit de son côté au président de la Commission municipale, pour lui dire qu'il a lui-même fait tous ses efforts pour décider notre concitoyen à abandonner ses réclamations, mais que, n'ayant pu y parvenir, il se trouve obligé d'inviter la ville à payer la somme réclamée dans le délai d'une heure avec, en plus et à titre de punition, 10 % de la somme due.

La Commission municipale était réunie, elle venait de prendre communication des lettres de M. Lefebvre et de M. de Mutius, lorsque celui-ci, qui s'était fait accompagner de huit gendarmes, est introduit dans la salle des délibérations ; mais, en apprenant que la Commission n'a pas encore pris de décision, il se retire dans une pièce voisine. La Commission n'a pas un moment d'hésitation, elle prend la délibération suivante : « Considérant que les soldats allemands ont saisi, le 9 janvier 1871, à Picquigny, arrondissement d'Amiens, des couvertures dont le sieur Lefebvre demande le paiement à la ville d'Abbeville ; qu'à cette date, Abbeville n'était pas occupée puisque les Prussiens n'y sont entrés que le 6 février suivant. Considérant que les autorités prussiennes n'avaient aucun motif plausible de délivrer sur Abbeville, une réquisition de la valeur de ces couvertures ; qu'il est probable que cette réquisition n'a été délivrée que sur les instances soit du sieur Lefebvre, soit de son vendeur. Considérant qu'il est incontestable que la ville d'Abbeville ne saurait être tenue, à quelque point de vue qu'on se place, au paiement de l'importance de ladite réquisition. Considérant que, malgré l'attitude toute bienveillante de M. le sous-préfet, la Commission municipale, représentant la ville d'Abbeville, pénétrée de la conviction que la réclamation faite par le sieur Lefebvre est aussi injuste en droit qu'indigne au fond, eu égard à la qualité de Français de ce dernier, persiste dans ses précédentes délibérations, et refuse à l'unanimité de faire droit à la demande du sieur Lefebvre. »

Le Sous-Préfet rentre ; on lui donne lecture de cette délibération ; il engage la commission à se montrer conciliante. Le Président répond qu'on entend surtout résister à une injonction mal fondée, formulée à la demande d'un négociant abbevillois. Le Sous-Préfet persiste et dit, qu'obligé d'obéir à des ordres supérieurs, il prendra, parmi les membres de la commission, un otage, qui sera conduit à Amiens, auprès du Préfet à qui il expliquera les motifs pour lesquels la ville d'Abbeville refuse de payer. Après le départ du Sous-Préfet, il est procédé entre tous les membres de la commission, à un tirage au sort, qui désigne M. Auguste Ricquier, lequel se rendra le lendemain à Amiens, à titre d'otage. M. Marcille, qui a déjà entretenu de l'affaire le comte Lehndorff, et qui en connaît tous les détails, reçoit la mission d'accompagner M. Ricquier. Le lendemain, 5 mars, celui-ci se rend à la gare, accompagné de M. Marcille, et d'un grand nombre de membres de la commission, quand un envoyé du Sous-Préfet vient dire de ne pas partir, parce que le Préfet est absent. Dans la soirée du même jour, le Sous-Préfet adressait à la municipalité, une lettre l'informant que M. Lefebvre se désistait de sa prétention. En outre celui-ci écrivait au Président de la commission : « J'apprends à l'instant la décision de la commission et son exécution. Devant cette mesure, je retire ma demande » Ainsi finit cette affaire qui avait produit quelque émotion dans la ville, et dont l'heureuse solution était due à la résistance aussi énergique qu'intelligente de la commission municipale. Comme avec les Prussiens, il fallait s'attendre à tout, prévoyant le cas où elle serait obligée de payer M. Lefebvre, la commission municipale avait ouvert une liste de souscription à 1 franc, qui était déjà couverte de nombreuses signatures, au moment où ce commerçant a abandonné sa prétention. Cette souscription associait toute la population à la résistance légitime de la commission, et avait pour résultat de permettre de donner, si cela devenait indispensable, satisfaction aux Prussiens, sans grever la caisse municipale.

La commission avait eu d'autant plus raison de résister, qu'un traité, dont elle ignorait l'existence, intervenu le 26 février entre la France et l'Allemagne, portait qu'à l'avenir, les troupes allemandes s'abstiendraient de prélever des contributions de guerre, dans les territoires occupés; que celles requises, et non versées, ne le seraient pas, et que celles payées seraient remboursées. A tous les points de vue Abbeville avait donc eu raison de refuser le paiement du prix des couvertures de M. Lefebvre.

On se demande par suite de quelle inexcusable négligence, le gouvernement français n'avait pas fait connaître immédiatement à toute la France, et surtout aux habitants des territoires occupés, ce traité du 26 février, qui mettait ces derniers à l'abri de toutes réquisitions en argent.

Les Prussiens ont été avisés que des Abbevillois sont restés détenteurs d'armes de guerre, au lieu de les déposer à la mairie, conformément aux ordres donnés ; on trouve deux fusils prussiens chez deux de nos concitoyens, qui sont obligés de remettre ces fusils, et de payer chacun une amende de 500 francs.

On amène à Abbeville, et on enferme au Bourdois, deux otages de Maison-Ponthieu, pris par les Prussiens, parce que cette commune a refusé de payer une amende de 1,000 francs, imposée par suite de leur refus de livrer deux vaches.

Le Sous-Préfet, de Mutius, fait publier dans toutes les communes de l'arrondissement, l'ordre suivant, émanant du général de Kummer : « Bien que les préliminaires de paix aient été ratifiés par l'assemblée nationale, il n'a point encore été statué en ce qui concerne les réquisitions, pour la nourriture et l'entretien des troupes, qui auront lieu dans les mêmes formes et conditions, que par le passé. Les voitures pourront être réquisitionnées pour les besoins du service des troupes, il ne sera plus fait de réquisition de chevaux. Abbeville, le 5 mars 1871. Le Sous-Préfet royal et impérial, DE MUTIUS. »

Les habitants sont prévenus qu'ils peuvent retirer les armes, qu'ils ont déposées à la mairie.

Ce nouvel avis est publié : « Le Sous-Préfet de l'arrondissement d'Abbeville communique à ses administrés les instructions suivantes, qu'il vient de recevoir de Son Excellence le général Kummer : « Chaque habitant est encore tenu, jusqu'à nouvel ordre, de fournir par jour à chacun des soldats logés chez lui, 750 grammes de pain, 500 grammes de viande ou 750 grammes de lard, 500 grammes de légumes et sel, 30 grammes de café grillé, 60 grammes de tabac ou cigares, 1/2 litre de vin, ou un litre de bière et un décilitre de cognac. Les rations pour chaque cheval, sont fixées à 6 kil. d'avoine, 3 kil. de foin, 1 kil. 500 grammes de paille. J'or donne en outre que toutes les réquisitions soient faites par écrit, et remises aux maires, par les commandants des divers détachements, occupant les communes de l'arrondissement; les réquisitions seront régulièrement adressées vingt-quatre heures avant le moment fixé pour les livrer. Sont seulement exemptées de cette dernière formalité, les réquisitions faites par les troupes en marche, de passage dans les communes, et demandées pour la nourriture de ces troupes. Dans aucun cas, aucune réquisition ne peut être faite par un simple soldat. Général de KUMMER, commandant la 15ᵉ division militaire. » Le Sous-Préfet de l'arrondissement prévient ses administrés, qu'ils ont à se conformer aux ordres donnés par le général de Kummer. Chaque habitant s'entendra, pour la nourriture des troupes et des chevaux, avec le maire de sa commune. Pour régler toutes les difficultés qui pourraient survenir entre les habitants et les soldats, et pour tout ce qui concerne le logement, les voitures ou toute autre demande, les maires devront s'entendre, directement, avec l'officier commandant le détachement, qui se trouve dans leur commune. Abbeville, le 7 mars 1871. Le Sous-Préfet de l'arrondissement d'Abbeville, DE MUTIUS, lieutenant-colonel. »

La municipalité fait publier un avis portant que pendant l'occupation prussienne, les gardes nationaux mobiles et mobilisés, sont invités, ceux qui rentrent en ville, à quitter immédiatement leur uniforme, et ceux qui doivent se rendre dans d'autres localités, à ne pas séjourner plus de deux heures à Abbeville.

Pour affranchir les lettres, il faut, outre le timbre français, apposer un timbre prussien.

Le 11 mars on voit arriver à Abbeville, de nombreux mobiles de la ville et des environs.

Une revue des troupes prussiennes doit être passée à Amiens. La plus grande partie de la garnison d'Abbeville part pour cette ville ; plus d'un Abbevillois forme le souhait de ne plus la revoir.

Le Sous-Préfet prévient qu'une décision du commandant de la place permet d'effectuer la démolition des terrassements et travaux de fortifications, exécutés dans l'intérêt de la défense.

On décide de faire disparaître les tranchées creusées dans le marais de Rouvroy, pour que les bestiaux puissent y être envoyés en pâturage, comme par le passé.

Les travaux d'établissement de l'avenue de la Gare sont continués activement.

M. Bachelier est rétabli, et reprend le 11 mars la présidence effective de la commission municipale, qui continue à se réunir tous les soirs, afin de résoudre les multiples questions que soulève l'occupation prussienne.

Un officier prussien donne, sans motif, un soufflet à un marchand de journaux qu'il rencontre dans la rue ; un mobile qui passe, qualifie ce fait de lâcheté ; il est souffleté à son tour ; un attroupement se forme ; un officier supérieur prussien intervient, blâme son subordonné et fait espérer qu'une punition sera infligée à l'auteur de cet acte inqualifiable.

Le Sous-Préfet exige que tout voyageur paie à la sous-préfecture, un droit de passe port de 2 francs.

Une nouvelle garnison prussienne revient à Abbeville. Elle comprend le 69ᵉ régiment de ligne, des hussards et des artilleurs.

La paix est signée, et cependant rien n'est changé dans notre situation. La charge du logement et de la nourriture des Allemands existe toujours, aussi coûteuse et aussi vexatoire. Les réquisitions continuent à être nombreuses. Les réclamations des habitants, le plus souvent fondées, ne cessent d'affluer à la mairie. Les autorités prussiennes, à qui les membres de la commission municipale transmettent ces réclamations, les rejettent à peu près systématiquement, même lorsque leur bien fondé n'est pas douteux. En présence de cet état de choses, et malgré l'insuccès des démarches antérieures, la commission municipale avait, à la date du 6 mars, délégué deux de ses membres, MM. Boullon et Poirel, pour aller à Paris et à Versailles, afin d'essayer de se procurer une copie du traité de paix, ou un document quelconque, précisant l'étendue de nos obligations. On espérait que, grâce à l'état de paix existant maintenant, il serait enfin possible d'obtenir des renseignements précis, sur la situation faite aux pays occupés et spécialement à Abbeville. Le lendemain 7 mars, la commission municipale recevait de M. de Ring, secrétaire particulier du Ministre des Affaires étrangères, une lettre, laissant à la commission le soin de parer, au mieux des intérêts de la ville, aux difficultés résultant de l'occupation, déclarant qu'il fallait subir les réquisitions, mais conseillant d'en dresser la liste, et de l'envoyer au gouvernement français, pour qu'il pût en tenir compte, au moment opportun.

Dès le 7 mars, les délégués abbevillois étaient à Paris où ils voyaient successivement M. Fournier, chef du cabinet du Ministre de l'Intérieur, M. Calmon, sous-secrétaire d'Etat au même Ministère, M. Desprez, chef du bureau des Affaires politiques, et le comte de Villefort, chef du contentieux au Ministère des Affaires étrangères, qui tous déclaraient que le gouvernement français ne pouvait intervenir en notre faveur, son intervention pouvant, selon eux, compromettre des intérêts généraux importants ; mais ils étaient unanimes, pour conseiller de résister aux exigences injustes, de ne céder qu'en protestant, et en faisant constater les protestations. A Versailles, MM. Boullon et Poirel voyaient le comte Nostiz dont ils ne pouvaient rien obtenir, ni pour le remboursement des 15,210 francs de haute paie aux officiers, ni pour faire exempter Abbeville du paiement de toute contribution. Il ne leur était non plus donné aucun renseignement sur les conditions de l'occupation, ni sur l'assimilation d'Abbeville à Péronne. Toutefois M. de Villefort avait affirmé, que l'impôt cessait d'être dû aux Prussiens, à partir du 2 mars, date de la ratification des préliminaires de paix, et M. de Nostiz avait confirmé ce dire. De plus, M. de Villefort avait remis aux délégués, la lettre qui avait été adressée à MM. Mallet et Boullon, à la suite de leur voyage à Paris du 26 février, lettre à laquelle était joint le numéro du 28 février du *Journal Officiel*, contenant les préliminaires du traité de paix, et qui, pour une cause restée inconnue, n'était point parvenue à son adresse, et avait été retournée au Ministère. Cette lettre de M. Jules Favre disait, formellement, que l'impôt ne devait être acquitté, que jusqu'au jour de la ratification des préliminaires. En outre, M. de Nostiz avait déclaré que lorsqu'un paiement de 500 millions aurait été effectué, à compte sur l'indemnité de guerre, l'évacuation commencerait, et que le département de la Somme serait évacué l'un des premiers.

M. le Maire d'Amiens ayant demandé un état des contributions et réquisitions de toute nature, fournies par la ville d'Abbeville aux Prussiens, cet état est dressé par les membres de la commission municipale, et les dix Abbevillois les plus imposés. Il accuse, tant pour les réquisitions, que pour dommages aux propriétés, et pour la nourriture du corps d'occupation, une somme de 432,000 francs.

La question du logement des Prussiens préoccupe toujours vivement la population ; des demandes de dispense se produisent, pour les maisons où il existe un malade atteint de la fièvre scarlatine, pour les employés de la mairie, etc... mais la commission rejette ces diverses demandes. Quelques habitants paraissant ignorer les nombreuses et récentes démarches des membres de la commission municipale, signent une pétition demandant qu'en vertu du traité de paix, ils soient déchargés de l'obligation de nourrir les troupes ennemies. Afin de faciliter le contrôle et d'éviter des réclamations, il est remis aux personnes tenues de loger, des cartes qu'elles rendent, lorsque les Prussiens quittent leurs maisons. L'ancien inspecteur de police Pommier est chargé de diriger ce service.

Le Préfet prussien de Lehndorff passe à Abbeville ; il déclare que les 15,210 francs payés par la ville pour les officiers seront remboursés, qu'une somme de 6,000 francs, représentant le montant des impôts courus du 2 au 6 mars, ne sera pas restituée, que l'obligation des laissez-passer prussiens est supprimée, et qu'il espère pouvoir remettre prochainement, aux autorités françaises, l'administration civile du département.

M. Courbet-Poulard, député, s'occupe à Bordeaux, avec son obligeance et son activité habituelles, des intérêts de la ville ; il écrit à cette occasion à M. Mallet, Vice-Président, qui communique ses lettres à la commission municipale.

Sur les incessantes démarches de la commission municipale, le général Gneisenau, commandant le corps d'occupation, consent enfin, à la date du 18 mars, à décharger les Abbevillois, ainsi d'ailleurs que les habitants de l'arrondissement, de l'obligation de nourrir les soldats prussiens ; mais il fallait que ceux-ci pussent se procurer la viande et le pain nécessaires à leur alimentation ; ils demandèrent d'abord que l'administration municipale voulut bien les aider à acheter chaque jour 2,500 kil. de viande sur pied, que la ville fit elle-même le traité avec les bouchers, et qu'elle garantit le paiement des sommes qui leur seraient dues, sommes qui, du reste, seraient versées tous les deux jours au plus tard, entre les mains du receveur municipal. La commission ne pouvait accepter cette combinaison. De leur côté, les bouchers déclaraient ne pouvoir fournir de la viande sur pied ; il fallait, disaient-ils, s'adresser à des marchands de bestiaux. On convint enfin, que cinq bouchers de la ville fourniraient

2,500 kil. de viande par jour, au prix de 1 fr. 05 la livre de bœuf sur pied, mais que la ville resterait étrangère à ce marché. Les Prussiens demandèrent aussi à la municipalité, un local, un four et les outils nécessaires pour la fabrication du pain. Sur la demande de la commission municipale, M. Frost, locataire du bâtiment à usage de manutention, voulut bien mettre ce bâtiment, avec son four et ses outils, à la disposition de l'intendance prussienne. Restait la question relative au combustible et à l'éclairage ; afin de hâter le moment où les habitants cesseraient enfin de nourrir les troupes, la municipalité consentit à livrer le bois et l'huile nécessaires, à la condition que le prix de ces fournitures serait remboursé à la ville par les Prussiens.

Le Ministère de l'Intérieur adresse à toutes les municipalités, un tableau des réquisitions et contributions exigées par les Prussiens, afin d'en dresser un état uniforme.

Pendant la guerre, M. Chollet, de Gamaches, a vendu une mitrailleuse à M. le Préfet Lardière, qui a déclaré en faire l'acquisition pour le compte de la ville, moyennant 1,500 francs. Il ne paraît pas douteux que M. Lardière ne pouvait engager ainsi les finances de la ville. Cette mitrailleuse dont on ne s'est jamais servi, a été envoyée d'abord à Hesdin, puis à Douai. M. Chollet demande qu'on lui en paie le prix. On pourrait discuter sa réclamation, au nom de la ville, d'autant mieux que cette mitrailleuse avait été refusée par le comité d'artillerie, mais on se rappelle qu'il y a quelques mois, M. de Riencourt a fait don à la ville de 6,000 francs à répartir ainsi : 2,000 francs pour l'armement des gardes mobiles, 2,000 francs pour venir en aide aux familles des hommes sous les drapeaux et 2,000 francs pour procurer du travail aux ouvriers de la ville. La commission municipale décide que les 1,500 fr. réclamés seront payés au moyen des 2,000 fr. destinés à l'armement des gardes mobiles. On évite ainsi des difficultés, un procès peut-être, et la ville ne prélève cependant aucun fonds sur les ressources municipales pour payer M. Chollet.

Des bruits inquiétants commencent à circuler à Abbeville, sur ce qui se passe à Paris. Les uns disent qu'une émeute, vite réprimée, a eu lieu ; d'autres assurent que les insurgés sont maîtres de la capitale. Il ne manquait plus à l'infortune de la France que cet affreux malheur, une insurrection triomphante à Paris, pendant que nos vainqueurs occupent encore la moitié de notre territoire.

CHAPITRE VIII

De la Commune au départ des Prussiens
18 mars — 5 juin 1871.

Il n'est que trop vrai qu'une révolution a éclaté à Paris. Beaucoup de gardes nationaux se sont servis, contre le gouvernement régulier, des armes que celui-ci leur avait laissées. M. Thiers et tous les membres du gouvernement sont installés à Versailles ; l'Assemblée nationale s'y trouve également, ainsi que tous les chefs de l'armée. Une dépêche de M. Thiers, du 19 mars, enjoint aux autorités civiles et militaires des départements, de n'exécuter d'autres ordres que ceux du gouvernement légal résidant à Versailles, sous peine d'être considéré en état de forfaiture. L'armée régulière a dû sortir de Paris ; elle a conservé le mont Valérien, mais les insurgés sont entièrement maîtres de la capitale où ils ont établi un gouvernement, qu'ils appellent « la Commune. »

Dans la matinée du 20 mars, on lit sur les murs d'Abbeville ce télégramme : « Chef du pouvoir exécutif au « Maire d'Abbeville. Donnez l'ordre à tous les militaires, « soldats ou officiers, venant isolément ou en troupe, de « s'arrêter aux stations de Versailles, Etampes, Corbeil, « Melun, Nogent-sur-Seine, Meaux, Soissons, Pontoise et « Chantilly. Donnez le même ordre aux fonctionnaires « publics. » Cette dépêche est significative : l'entrée de Paris est interdite à la troupe et aux hommes d'ordre.

Au moment où les nouvelles de Paris et de Versailles sont pour les habitants un nouveau sujet de tristesse, on apprend que les Prussiens se disposent à célébrer la fête de l'empereur Guillaume. Ils requièrent, pour faire un banquet, la salle de spectacle que la municipalité ne peut leur refuser. Ils demandent encore un lustre, des bancs, des drapeaux qui leur sont refusés énergiquement par les membres de la municipalité, qui ont nettement déclaré, que ne voulant pas contribuer à l'éclat de la fête projetée, ils refusaient le lustre, ajoutant que les bancs étaient indispensables au service de l'octroi, et aux classes des enfants, et que les drapeaux français ne pouvaient servir à célébrer les défaites de la France. Pour décorer la salle du festin, les Prussiens allèrent commettre des dévastations dans les bois voisins d'Abbeville, notamment dans celui de Saint-Riquier.

Le 20 mars la Commission municipale fait publier la lettre suivante : « Préfecture de la Somme. Amiens, le « 18 mars 1871. M. le Maire. Je vous informe qu'à partir « du 21 de ce mois, la nourriture des troupes de la « première armée sera fournie par les magasins. Les per- « sonnes qui logent des soldats et en cas d'insuffisance, « les communes, n'auront donc à fournir aux soldats « désormais, que chauffage, éclairage, le coucher d'après « les règlements allemands, et les ustensiles de cuisine, « ainsi que le combustible et le foyer, nécessaires à la « préparation de leurs aliments. Le préfet de la Somme : « Comte LEHNDORFF-STEINART. »

Les habitants sont enfin déchargés du lourd impôt de la nourriture, et par là même, des désagréments et des incidents, qu'une pareille charge entraînait nécessairement.

Une dépêche datée de Versailles 21 mars, 11 h. 20 du matin, signée de M. Thiers, parvient à Abbeville ; elle donne l'ordre de faire arrêter sur-le-champ, et poursuivre, selon toutes les rigueurs des lois, les délégués ou émissaires du prétendu gouvernement de Paris, et de les traduire immédiatement devant les tribunaux.

On dit que la Commune est aussi proclamée à Lyon. L'Assemblée nationale fait appel aux volontaires des départements; elle leur demande « une éclatante manifestation contre les désordres qui déshonorent le pays. » A l'unanimité, les membres de cette Assemblée se sont associés au gouvernement de M. Thiers. Toute la France réprouve l'insurrection communaliste. Une commission composée de MM. Boullon, Mallet et Paillart, soumet à la Commission municipale l'adresse suivante qui est adoptée à l'unanimité et envoyée séance tenante. « A M. le
« Président du Conseil chef du pouvoir exécutif de la
« République Française. M. le Président. La ville d'Ab-
« beville a appris avec une profonde et patriotique dou-
« leur, le nouveau malheur qui vient de frapper la
« France. En présence de l'ennemi qui nous entoure, et
« voit continuer par la guerre civile, l'œuvre de destruc-
« tion qu'il a commencée, des Français ont osé ériger
« l'anarchie en principe, et se servir du désordre comme
« d'un piédestal, pour arriver au pouvoir. Interprète des
« sentiments de ses concitoyens, la Commission munici-
« pale d'Abbeville proteste énergiquement contre de tels
« actes, et contre la violation des droits du peuple fran-
« çais, représenté par l'Assemblée nationale. Elle pro-
« teste contre cette atteinte portée à la liberté de tous,
« au nom de la liberté, contre les assassinats dont la
« capitale a été le triste témoin ; elle proteste en son nom,
« au nom de ses concitoyens, au nom des sacrifices que
« la ville s'est imposée pour la défense nationale, au
« nom des souffrances que l'occupation prussienne lui
« fait endurer. La Commission municipale adhère com-
« plètement et sans réserve, à l'Assemblée nationale et
« au Gouvernement par elle établi ; elle adhère à toutes
« les mesures prises pour arrêter la guerre sanglante et
« funeste dont depuis six mois notre patrie est la vic-
« time. S'inspirant de la noble devise qu'elle lit sur ses
« armes, et que lui ont méritée de glorieux ancêtres,

« Abbeville restera comme par le passé, fidèle au devoir,
« et fidèle à la France. »

On paie à M. Frot, 40,000 francs à valoir sur ce qui lui est dû, pour les fourrages qu'il a livrés aux Prussiens, pour le compte de la ville.

On rétablit la passerelle qui, du Pâtis, conduit au pont des Prés.

Le service des dépêches télégraphiques privées est rétabli et n'est plus soumis au contrôle des autorités prussiennes.

Les soldats prussiens qui ne se pourvoient pas toujours de la quantité de nourriture dont ils ont besoin, suscitent, dans les maisons où ils logent, d'assez nombreux incidents.

Ce fut le 22 mars, que les Prussiens célébrèrent la fête de leur empereur; la veille il y eut musique sur la place Saint-Pierre, devant l'hôtel de M. d'Emonville, où demeurait leur général, puis une retraite aux flambeaux qu'aucun Abbevillois ne suivit; le matin, promenade militaire, à midi revue et cent cinq coups de canon, le soir, banquet des officiers dans la salle du théâtre, décorée avec les arbustes dérobés dans les bois voisins. Le repas avait été préparé dans les cuisines de la sous-préfecture. La chronique rapporte que le sous-préfet de Mutius, se promenant dans ses cuisines avec sa casquette blanche, avait un faux air de mitron. Le portrait de Guillaume ornait la salle du banquet. Ce souverain était représenté en habit civil, mais avec le casque à pointe. A ce banquet, une quête fut faite au profit des pauvres de la ville, elle produisit 200 francs, qui furent envoyés par le sous-préfet, au Président de la Commission municipale, avec une lettre expliquant que, par cette offrande, les officiers avaient voulu exprimer leurs remerciements, pour les soins donnés dans les hôpitaux, aux malades et blessés de l'armée prussienne. Il était difficile de refuser; aussi la Commission municipale consultée, accepta, notamment, par le motif que le malheur n'a pas de drapeau, que l'aumône d'un ennemi peut, comme celle d'un ami, soulager un malheureux, et qu'on ne saurait refuser une offrande destinée aux pauvres.

Un détachement de 1,100 mobiles environ du Pas-de-Calais, venant d'Eu, devait traverser Abbeville et y séjourner deux jours. Prévenues de ce passage, les autorités prussiennes s'opposèrent à ce que les mobiles fussent logés dans la ville, ou dans les communes de l'arrondissement, occupées par leurs troupes. On dut prendre des mesures pour éviter un conflit. Le sous-préfet requit la Compagnie du Nord, de transporter jusqu'à Arras, les mobiles qui devaient passer par Abbeville. La Compagnie du Nord déféra à cette réquisition, et de la ville d'Eu, les mobiles se rendirent à Saint-Valery, où ils s'embarquèrent pour Arras.

Les soldats prussiens évacuent quelques villages de l'arrondissement, mais dans les communes rurales comme dans la ville, des plaintes nombreuses s'élèvent à l'occasion de la nourriture des Prussiens ; l'intendance ne leur fait pas toujours une distribution de vivres suffisante ; ils réclament impérieusement ce qui leur manque aux habitants, qui avec raison refusent, et des conflits se produisent.

Depuis quelque temps, presque chaque jour, on envoie un détachement du corps d'occupation faire une promenade militaire, jusque sur les bords de la mer.

Le Gouvernement et l'Assemblée nationale font appel aux volontaires des départements ; ils voudraient une manifestation éclatante, contre l'insurrection, qui est un véritable crime de lèse-patrie. — La municipalité fait publier l'avis suivant : « Habitants d'Abbeville, vous vou-
« drez vous associer, à une manifestation commandée
« par le salut de la France ; c'est aux heures des grandes
« crises politiques que les citoyens honnêtes doivent
« s'unir, l'Assemblée nationale, seule représentation

« légale de la France, vous appelle à Versailles, près
« d'elle. Elle n'aura pas compté en vain, sur votre patrio-
« tisme. » De son côté le maire d'Amiens écrit au Président de la Commission municipale, pour inviter la garde nationale d'Abbeville à se joindre à celle d'Amiens, afin d'aller à Versailles défendre le gouvernement.

Lorsque l'insurrection avait éclaté à Paris, le 43ᵉ régiment d'infanterie de ligne était cantonné dans les jardins du Luxembourg. Sommé de livrer ses armes aux insurgés, il s'y était refusé. Il s'était empressé de prendre le chemin de Versailles, avait traversé Paris et, le jour même, entrait à Versailles avec une batterie d'artillerie, tambours, clairons et enseigne en tête ; les insurgés n'avaient pas osé l'attaquer. Il fut reçu par une députation de l'Assemblée nationale et par des membres du Gouvernement. Le lieutenant-colonel qui le commandait fut félicité : « Je n'ai fait que mon devoir, » répondit-il. Il fut nommé colonel sur-le-champ. Or, ce régiment était presque uniquement composé de jeunes soldats du département de la Somme, de la classe de 1870 ; il avait fait partie de l'armée de Faidherbe, et avait pris part aux batailles de Villers-Bretonneux, Pont-Noyelles et Saint-Quentin.

On savait que le gouvernement avait négocié avec les Allemands, afin d'arriver à une entente sur l'exécution du traité du 26 février, mais on ignorait le résultat de ces négociations. Enfin les journaux apportent à Abbeville le texte des deux conventions intervenues ; la première, datée de Rouen, le 7 mars, et signée de MM. Pouyer-Quertier, de Ring et Fournier, pour la France, et par le général de Fabrice, pour l'Allemagne, contient les dispositions suivantes : « Article premier. Bien que le droit d'administrer
« les territoires occupés soit réservé, par l'article 8 du
« traité des préliminaires, à l'autorité allemande jusqu'à
« la conclusion et la ratification du traité de paix défi-
« nitif, cependant les autorités allemandes consentent à

« ce que l'administration départementale et communale,
« y compris la sûreté générale et le maintien de l'ordre
« public, dans les départements occupés par les troupes
« allemandes, soit, dès la ratification de la présente con-
« vention, remise à l'autorité française, aux conditions
« ci-après. — Art. 2. Le Gouvernement français pourra
« rétablir les préfets, sous-préfets, maires et autres agents
« administratifs avec les attributions qui leur sont don-
« nées par les lois. De son côté, l'autorité allemande
« placera près des chefs de corps, ou partout où elle trou-
« vera nécessaire, des commissaires civils, qui auront la
« haute direction dans tout ce qui concerne les intérêts
« allemands. Les fonctionnaires français sont tenus de se
« conformer aux mesures que le commissaire civil jugera
« nécessaire de prendre à ce sujet. — Art. 3. Les tribu-
« naux français reprendront leur service, ainsi que les
« juges de paix et les commissaires de police. La gendar-
« merie sera réorganisée. Néanmoins, l'état de siège avec
« toutes ses conséquences sera maintenu par les autorités
« allemandes dans les départements occupés. — Art. 4.
« Conformément aux prescriptions de l'art. 8 des préli-
« minaires de paix, toutes les autorités administratives
« françaises devront se conformer aux mesures que les
« commandants des troupes croiront devoir prendre
« dans l'intérêt de la sûreté, de l'entretien et de la distri-
« bution des troupes. — Art. 5. Dans le cas où les intérêts
« de ces dernières seraient compromis, d'ici au jour de la
« ratification du traité de paix, les autorités allemandes
« se réservent le droit de reprendre, en tout ou en partie,
« les droits concédés par les articles 1, 2 et 3, aux
« autorités françaises. »

La seconde convention, intervenue également à Rouen, entre les mêmes négociateurs, porte la date du 16 mars 1871, et est ainsi conçue : « 1° Le versement de quelques
« impôts en retard ayant été exigé par des chefs de corps,
« avec menace d'exécution militaire, il demeure convenu

« que les dits impôts ne seront pas exigés, seulement le
« compte en sera fait entre les deux gouvernements. Le
« gouvernement français prendra à sa charge ce qui
« pourra être dû, sauf son recours contre les départe-
« ments et les communes. 2° Tous les impôts arriérés
« pour l'année 1870, sont définitivement remis. 3° Les
« départements temporairement occupés, où les impôts
« n'ont pas été réclamés par les autorités allemandes
« jusqu'au 2 mars 1871, sont affranchis définitivement de
« toute charge de cette nature. 4° Tous les départements
« occupés en totalité, complèteront le versement des
« deux douzièmes de l'impôt direct perçu par l'Etat
« (pour les mois de janvier et de février 1871), abstrac-
« tion faite des centimes communaux et départementaux.
« 5° Dans les départements occupés, en partie seulement,
« l'impôt ne sera calculé que d'après la partie afférente
« aux communes placées en deçà de la ligne de démar-
« cation. 6° Dans les départements où l'occupation a été
« temporaire, l'impôt ne sera perçu que proportionnelle-
« ment à la durée de l'occupation. 7° Pour représenter
« l'impôt indirect, il sera perçu une somme égale à
« l'impôt direct tel qu'il est fixé par les dispositions pré-
« cédentes. 8° Ces fixations s'appliqueront indistincte-
« ment à tous les départements occupés. 9° Dans les
« départements où il a été perçu une capitation de 25 francs
« ou de 50 francs pour remplacer les contributions indi-
« rectes, la portion versée après le 16 février, qui excé-
« derait la perception de l'impôt indirect, tel qu'il est fixé
« ci-dessus, sera remboursée. 10° Il ne sera fait, en
« vertu des stipulations précédentes, qu'un seul règle-
« ment de comptes, qui comprendra l'ensemble des
« sommes dues de part et d'autre, pour tous les départe-
« ments occupés. 11° Le gouvernement français présen-
« tera aux délégués de l'empire germanique, dans les
« huit jours, une copie du sous-répartement des contri-
« butions foncière, personnelle, mobilière et des portes

« et fenêtres, et indiquera le montant des rôles des
« patentes, le tout d'après les états fixés pour l'année 1870,
« dans les départements occupés par les troupes alle-
« mandes. 12° Le gouvernement de l'empire d'Allemagne
« fera connaître la durée de l'occupation allemande, pour
« chaque département, ainsi que le chiffre des sommes
« qui, durant l'occupation, ont été perçues pour les mois
« de janvier et de février, dans les départements, à titre
« d'impôt direct et indirect. »

Bien des démarches avaient été faites en vain par les membres de la commission municipale, pour obtenir communication de ces deux conventions, que les communes occupées avaient le plus grand intérêt à connaître, et, encore une fois, on ne s'explique pas que le gouvernement français n'ait pas mis plus d'empressement à les porter à la connaissance des intéressés.

A la date du 25 mars, un officier prussien se rendait à la mairie et déclarait qu'il n'était pas possible à l'intendance prussienne de se procurer les fourrages nécessaires à la cavalerie, sans dépasser le prix alloué pour la ration des chevaux par le gouvernement français ; il demandait, en conséquence, à la ville de payer la différence entre le prix alloué et le prix d'achat. La municipalité répondit que la ville n'avait pas à s'occuper de cette question ; il insista, mais on tint bon et on fit bien, parce que, le lendemain, cet officier retournait à la mairie, pour dire qu'il fallait considérer sa demande comme non avenue.

Des locataires de la chasse sur les biens communaux demandent que remise leur soit faite de leur redevance, pour la raison que l'état de guerre les aurait empêchés de profiter complètement de leur bail, mais la commission municipale rejette ces demandes.

Par un arrêté du 23 mars, le chef du pouvoir exécutif nomme M. Dauphin préfet de la Somme par intérim, et, le 28 mars, le sous-préfet de Mutius informe les Abbevillois que le comte Lehndorff, préfet prussien, a remis à

M. Dauphin l'administration du département, et que lui-même ne continuera à s'occuper de l'administration civile de l'arrondissement, que jusqu'à l'arrivée d'un sous-préfet *ad interim* français, et que, jusqu'à son arrivée, il n'exercera plus son autorité comme sous-préfet, mais comme commissaire civil.

Un certain nombre d'officiers prussiens avaient persisté à se faire nourrir par les habitants chez lesquels ils logeaient. Mais, désormais, ils prendront leurs repas à des mess établis dans les hôtels de France et de la Tête-de-Bœuf. Ce résultat n'a été obtenu que sur les plaintes du gouvernement français, et parce que les chefs de corps ont ordonné à ces officiers de cesser d'exiger des habitants une nourriture à laquelle ils n'avaient aucun droit.

A la suite d'une nouvelle réclamation relative aux 15,210 francs payés par la ville, pour la haute paie des officiers prussiens, le comte Lehndorff a chargé M. de Mutius d'écrire au Maire d'Abbeville que, cette somme ayant été payée à titre de réquisition, le gouvernement français en tiendrait compte à la ville, lors de la répartition de la contribution de guerre imposée à la France. Quant aux 10,000 francs avancés pour le fonctionnement des services de la sous-préfecture prussienne, il en a été tenu compte à M. le Maire d'Amiens, avec lequel il y aura lieu de s'entendre pour la restitution de cette somme, et M. Dauphin, interrogé à ce sujet, reconnaît que la déclaration des Prussiens est exacte.

Il est évident que l'horizon s'éclaircit et que la situation s'améliore. Nous voilà débarrassés de la main de fer qui, depuis trop longtemps, pèse sur nous, et il est permis d'espérer qu'Abbeville sera bientôt évacuée. Au plaisir d'être débarrassé de l'administration prussienne, s'ajoute celui de voir arriver à Abbeville, comme sous-préfet, un homme sympathique, M. Ansart, conseiller de préfecture, déjà un peu connu dans cette ville. En effet, par un arrêté daté du 29 mars, M. Dauphin, préfet de la Somme, a délégué

M. Ansart, pour remplir, provisoirement, les fonctions de sous-préfet de l'arrondissement d'Abbeville, et, le 31 mars, M. de Mutius faisait publier un avis informant les habitants de l'arrondissement, qu'il venait de remettre l'administration entre les mains du nouveau sous-préfet. Voici la copie du procès-verbal constatant cette remise :

« Sous-préfecture d'Abbeville. L'an 1871, le 31 mars,
« en l'hôtel de la sous-préfecture d'Abbeville, en exécu-
« tion de la convention passée à Rouen, le 16 mars 1871,
« entre le lieutenant-général M. de Fabrice, muni des
« pleins pouvoirs de Sa Majesté l'Empereur d'Allemagne,
« d'un côté ; et de l'autre, M. Pouyer-Quertier, ministre
« des finances, M le baron de Ring, délégué du ministre
« des affaires étrangères, et M. Casimir Fournier, délégué
« du ministre de l'intérieur, munis des pleins pouvoirs
« du gouvernement de la République française ; M. de
« Mutius, chargé jusqu'à ce jour, par l'autorité allemande,
« des fonctions de sous-préfet de l'arrondissement d'Ab-
« beville (arrondissement occupé), a déclaré remettre
« l'administration civile de l'arrondissement aux mains
« de M. Ansart (Paul), conseiller de préfecture de la
« Somme, délégué pour remplir provisoirement les fonc-
« tions de sous-préfet de cet arrondissement, par arrêté
« du Préfet de la Somme, en date du 29 mars, présent
« mois. La présente remise de pouvoirs faite dans les
« termes et aux conditions relatés dans la convention
« plus haut énoncée. Et, à l'instant même, M. Paul Ansart
« a pris possession, au nom du gouvernement de la
« République française, de l'administration de l'arron-
« dissement d'Abbeville. De tout quoi il a été dressé acte
« en deux originaux, dont l'un a été remis à M. de Mutius
« et l'autre restera déposé dans les archives de la sous-
« préfecture, avec le texte de la convention, paraphé et
« annexé. Fait à Abbeville, les jour, mois et an que des-
« sus. Signé : DE MUTIUS, lieutenant-colonel. — P. ANSART,
« sous-préfet provisoire de l'arrondissement d'Abbeville. »

La situation, à Versailles comme à Paris, reste toujours grave et inquiétante. Tous les ministères, ainsi que leurs services, sont installés à Versailles, où se groupent autour du gouvernement, tous les hommes d'ordre, qui ne veulent pas de l'odieuse banqueroute et de l'anéantissement de la patrie. L'armée s'organise pour tenter un suprême effort, afin de reprendre possession de Paris, où des malheureux, qui n'ont de français que le nom, avec le concours de cosmopolites, tentent d'organiser le gouvernement de la Commune, qu'ils rêvent de substituer au gouvernement régulier. Beaucoup de personnes qui ont fui Paris, arrivent à Abbeville; les unes y séjournent, d'autres ne font que passer. En attendant, comme aux plus sombres jours de la guerre, l'Assemblée nationale se voit obligée de proroger d'un mois les effets de commerce échéants, du 13 mars au 25 avril.

L'ex-sous-préfet prussien quitte Abbeville le 1er avril, mais malheureusement la garnison prussienne nous reste.

Des marchands de bestiaux, fournisseurs de l'intendance allemande, demandent à la ville de laisser entrer leurs bestiaux en franchise des droits d'octroi. M. Bachelier refuse; ils s'adressent au sous-préfet qui en réfère au préfet, lequel est d'avis que la ville ne doit percevoir ni droits d'octroi, ni droits d'abattoir, sur les bestiaux destinés aux Prussiens. Mais la commission municipale décide que, provisoirement, le tarif de l'octroi continuera à être appliqué lors de leur entrée en ville.

Les Allemands demandent, et la municipalité leur refuse, les ustensiles destinés à l'abattage des bestiaux.

Certains officiers prussiens s'abstiennent d'aller manger aux mess, et, malgré les prescriptions du général, continuent à se faire nourrir par les habitants.

D'autres officiers cherchent à vendre leurs chevaux, avant de retourner en Allemagne.

D'autres encore ne craignent pas de demander quelques services, à ceux qu'ils importunent par leur présence, en réclamant le prêt, soit d'un cheval, soit d'une voiture, etc...

Tous les jours, les soldats prussiens, cavaliers et fantassins, vont faire l'exercice dans les terres du faubourg Saint-Gilles et causent des dégâts considérables aux récoltes. La municipalité est obligée d'insister auprès du général, pour mettre fin à cet abus.

La commission municipale se trouve encore dans la nécessité de se plaindre au général Gneisenau, du service de l'intendance. Les soldats prussiens n'ont pas une quantité suffisante de nourriture. Les habitants, mus par un sentiment d'humanité, fournissent spontanément aux malheureux soldats, qui ont faim, la nourriture qui leur manque.

La Commission municipale vote un dernier crédit de 1,656 francs, pour payer le solde de toutes les dépenses faites pour la sous-préfecture prussienne, dépenses qui se sont élevées en totalité à 2,656 francs.

M. Courbet-Poulard écrit à M. Mallet, qui communique sa lettre à la Commission municipale, pour inviter la ville à s'occuper sans retard, de la question des terrains militaires, afin de pouvoir, au besoin, offrir aux industries alsaciennes et lorraines, une hospitalité qui serait d'ailleurs profitable à la ville, et la Commission municipale nomme une sous-commission de cinq membres pour étudier cette question.

Le ministre des finances publie un avis, portant que les thalers prussiens devront être reçus, dans les caisses publiques de l'Etat, et des chemins de fer, pour 3 fr. 75 ; les fractions de thalers seront acceptées au même taux.

Tous ceux qui ont fait des fournitures à l'armée allemande, pour le compte de la ville d'Abbeville, depuis le 6 février 1871, sont invités à déposer immédiatement, à la mairie, bureau des réquisitions, leurs factures avec les bons à l'appui, sous peine d'être considérés comme forclos. Cet avis est publié par les soins de la Commission municipale, qui continue à s'occuper avec un grand zèle, des affaires de la ville, mais qui ne se réunit plus que tous les trois ou quatre jours.

Les nouvelles qui nous parviennent sont tantôt rassurantes, tantôt inquiétantes. Lyon, Toulouse, Marseille, Saint-Etienne qui avaient tenté un mouvement insurrectionnel, sont rentrées dans l'ordre ; des combats assez fréquents ont lieu sous Paris ; ils sont généralement heureux pour l'armée de l'ordre. On dit que Paris est dans un état épouvantable, à la merci des « anarchistes communards », qui pillent et qui volent, et que notre malheureuse capitale est désertée par tous ceux qui peuvent s'enfuir. Les dernières nouvelles reçues annoncent que l'armée du gouvernement régulier vient d'enlever la ville, et la caserne de Courbevoie, ainsi que le pont de Neuilly ; Les Français se trouvent donc réduits à faire, à leur tour, le siège de Paris.

Le 10 avril, on lit sur les murs de la ville. « *Civil com-*
« *nunar. Bei dem ober commando des esten armée.* Amiens,
« le 6 avril 1871. Publication : Je porte à la connaissance
« des fonctionnaires français, des habitants du rayon
« d'occupation, de la première armée, ainsi que de tous
« ceux que cela regarde, qu'en vertu de la convention de
« Rouen du 16 mars, je viens de nommer commissaire
« civil, pour le susdit rayon, le comte Lehndorff-Steinart,
« qui aura la haute direction administrative, dans tout ce
« qui concerne les intérêts allemands, notamment, l'exé-
« cution des mesures à prendre par le commandant en
« chef, dans l'intérêt de la sûreté, de l'entretien et de
« la distribution des troupes ; la surveillance de la
« presse, de la police de sûreté et de santé, du mouvement
« des chemins de fer, et la répression et punition de tous
« les excès qu'il jugera de nature à pouvoir porter
« préjudice aux intérêts des troupes. Le général com-
« mandant en chef la première armée. Signé : DE GŒBEN.

« Vu ma nomination ci-dessus publiée,

« Vu les préliminaires de paix et la convention de
« Rouen du 16 mars 1871,
« Considérant qu'il est urgent d'informer le public,
« qu'en vertu de l'article 3 de ladite convention, l'état de
« siège, avec toutes ces (sic) conséquences, sera maintenu
« par les autorités allemandes, dans les départements
« occupés ; j'ai l'honneur d'inviter MM. les préfets, à faire
« afficher la présente publication, dans toutes les com-
« munes du rayon d'occupation de la première armée.
« Le comte LEHNDORFF-STEINART. »

Le Gouvernement vient de nommer le maréchal de Mac-Mahon, général en chef de l'armée sous Paris.

Les bulletins du Gouvernement sont rassurants, et expriment l'espoir que la nouvelle épreuve que traverse la France, prendra bientôt fin.

Les Prussiens ont offert au Gouvernement de rétablir l'ordre dans Paris ; il n'est pas besoin de dire que cette offre n'a pas été acceptée.

Les habitants sont prévenus que la formalité du passe-port, rétablie au début de la guerre, est imposée à tous les voyageurs français et étrangers, et que le passeport, délivré par la Commune de Paris, ne saurait être consi-déré comme étant régulier.

Des officiers prussiens en garnison à Abbeville, vont à Saint-Denis pour se rendre compte du véritable état des choses. En rentrant ils parlent du nouveau bombardement de Paris, comme d'une chose ordinaire ; ils ne paraissent pas se douter, de ce qu'il y a de cruel à tenir un pareil langage devant des Français.

Le préfet de la Somme informe le maire d'Abbeville, que la convention du 16 mars dernier stipule que les bestiaux et les denrées destinés à l'alimentation des Prussiens, doivent entrer en franchise, et sont par consé-quent exempts des droits d'octroi et d'abattage. Par suite, la Commission municipale ne persiste pas dans sa décision d'exiger le paiement de ces droits, mais elle fait prendre note du nombre et du poids des bestiaux introduits en ville, afin de pouvoir fixer ultérieurement le chiffre du préjudice ainsi subi par la ville.

Le 17 avril, les ouvriers de la manufacture de tapis de M. Vayson font célébrer, dans l'église Saint-Paul, un service à la mémoire de leurs camarades, morts au champ d'honneur.

L'armée du Gouvernement continue à gagner du terrain. Colombes, Asnières, etc., sont en son pouvoir.

La Commission municipale s'est réunie pour la dernière fois le 12 avril, sous la présidence de M. Bachelier. Le vénérable président rappelle à grands traits, les circonstances difficiles dans lesquelles la Commission a été constituée, les difficultés de sa tâche, le zèle et le dévouement de ses membres, leurs nombreuses et pénibles démarches ; il indique la situation financière de la ville à cette date, faisant remarquer notamment qu'après le paiement de 25,126 fr. 63 dûs pour les travaux de charité, il restera libre une somme de 24,452 fr. 99, avec laquelle on pourra occuper les ouvriers sans travail jusqu'au 15 mai. Enfin, il signale une ressource éventuelle, résultant de l'engagement contracté par les habitants des faubourgs qui étaient susceptibles de fournir le logement, de payer à la caisse municipale 1 fr. 50 par jour et par Prussien, en raison de l'exemption qui leur a été accordée.

L'Assemblée nationale a voté le 14 avril, et le 17 du même mois le *Journal officiel* promulgue une nouvelle loi municipale dont l'article 1er est ainsi conçu : « Immé-
« diatement après la publication de la présente loi, les
« commissions municipales, les maires et les adjoints en
« exercice, choisis en dehors du Conseil municipal,
« cesseront leurs fonctions. Provisoirement et jusqu'à
« l'installation des nouveaux conseils municipaux, les
« fonctions de maires, d'adjoints et de présidents des
« bureaux électoraux, dans les communes administrées

« par des commissions municipales, ou par des maires et
« adjoints, pris en dehors du conseil municipal, seront
« remplies par les membres des derniers conseils muni-
« cipaux élus, en suivant l'ordre d'inscription sur le
« tableau. »

En exécution de cette loi, les pouvoirs de la Commission municipale cessaient dès le 19 avril, et les trois premiers conseillers municipaux inscrits sur le tableau, qui étaient MM. Courbet-Poulard, Vayson et Monchaux, étaient investis des fonctions dévolues aux maire et adjoints. M. Courbet-Poulard étant retenu à Versailles en sa qualité de député, MM. Bachelier, de Touchet et Mallet remettent, le 19 avril, l'administration municipale à MM. Vayson et Monchaux.

Nous aurions peut-être mauvaise grâce à insister sur les services rendus par la Commission municipale, à la ville d'Abbeville. On pourrait nous reprocher un certain manque de modestie ou tout au moins de réserve ; mais nous ne pouvons nous dispenser de dire que tous ceux qui en ont fait partie, ont largement payé de leurs personnes, et n'ont ménagé, ni leur temps, ni leurs peines ; démarches pénibles, voyages fatigants, rien ne les a arrêtés. Pour apprécier leur dévouement il faut les avoir vus à l'œuvre. Les procès-verbaux de la Commission municipale ont été imprimés et réunis en une brochure de 170 pages (1). Leur lecture peut donner un faible aperçu des multiples difficultés, que la commission a eu à résoudre, et du labeur de ses membres.

MM. Vayson et Monchaux écrivent à leurs anciens collègues du Conseil municipal dissous par M. Lardière, pour les inviter officieusement à les aider, dans la tâche provisoire qui leur incombe.

Dès le 20 avril, ils adressent à M. Bachelier la lettre suivante : « Nous avons réuni hier soir les anciens con-

(1) Abbeville, imprimerie Briez, Paillart et Retaux, 1871.

« seillers municipaux, pour les prier de nous prêter leur
« concours officieux, dans l'administration de la ville,
« pendant le délai temporaire, auquel nous sommes
« appelés à remplir les fonctions d'administrateurs, par
« suite des termes de la nouvelle loi municipale. Nous
« avons fait part à nos anciens collègues, que confor-
« mément à la lettre de M. le Préfet, vous nous aviez
« remis le service, dans le courant de la journée. Le
« premier sentiment qui a animé notre réunion, a été
« celui de la reconnaissance, envers les membres com-
« posant la Commission municipale provisoire, qui a
« rempli, avec tant de dévouement, la difficile mission
« qui lui était confiée, celle de l'administration de la ville,
« dans les semaines laborieuses que vous venez de tra-
« verser. Nous sommes heureux, Monsieur, d'être les
« interprètes de la pensée de nos anciens collègues, si
« conforme à nos sentiments personnels. »

Les élections municipales sont fixées au 30 avril.

Les Prussiens croient devoir profiter de ce qui se passe à Paris, pour nous rappeler qu'ils sont toujours les maîtres, et le 21 avril, le général Gneisenau écrit au sous-préfet d'Abbeville : « J'ai l'honneur d'informer M. le sous-préfet, et je le prie de communiquer mon information aux habitants, que les factionnaires et les postes ont reçu, de nouveau, l'ordre de faire usage de leurs armes, envers les personnes qui les attaquent ou injurient, les lois militaires étant encore actuellement en vigueur. » Il est à peine besoin de faire remarquer, que les habitants ne se livraient envers les Prussiens, à aucune attaque ni injure.

La plupart des officiers prussiens cherchent à reprendre l'habitude, si agréable pour eux, de se faire nourrir par les habitants ; il en est qui se disent pauvres, pour avoir plus de chances de faire accueillir leurs sollicitations. On remarque qu'il y a des Prussiens partout dans l'arrondissement, même à Crécy, à Rue, etc. A Abbeville, on n'est pas déchargé entièrement de la nourriture des soldats, et cela par un pur sentiment d'humanité. L'intendance allemande leur fournit, en effet, une nourriture insuffisante ; ils se plaignent, font constater cette insuffisance, par ceux chez qui ils logent, et en obtiennent facilement un appoint qui ne leur est pas dû, mais qu'une charitable compassion ne permet pas de refuser.

Le bruit court que le rapatriement des soldats français, prisonniers en Allemagne, est suspendu.

Il n'est pas douteux que les tristes évènements de Paris sont malheureusement de nature, sinon à justifier, du moins à expliquer, un redoublement d'exigences de la part des Prussiens, ainsi qu'à discréditer la France à l'étranger.

Le gouvernement de la Commune, qui a arboré le drapeau rouge, vient de lancer une déclaration au peuple français, par laquelle à l'aide de phrases sonores, et d'affirmations audacieuses, il essaie de justifier sa conduite criminelle et anti-patriotique. Ce factum, qui en somme ne donne comme motif ou prétexte, que l'obtention de l'autonomie communale, est apprécié à sa juste valeur. Aussi s'étonne-t-on qu'un Abbevillois, dont le patriotisme ne saurait être suspecté, ait écrit que si le mouvement de Paris est criminel « tout n'est pas détestable, au même degré, dans la déclaration du Gouvernement insurrectionnel, et qu'il y a là un document dont l'histoire tiendra quelque compte. »

Malheureusement les jours s'écoulent, et l'armée de Versailles ne paraît pas faire de progrès sensibles. Elle ne tente aucun mouvement décisif. Sans doute M. Thiers et le maréchal de Mac-Mahon, qui dirigent les opérations, agissent prudemment, en augmentant leurs forces ; ils ne veulent rien laisser au hasard, et ils paraissent ne vouloir agir vigoureusement, que lorsque, par le nombre de leurs soldats, ils seront certains du succès. Mais ces sages raisons n'empêchent pas que l'on trouve bien long, le temps pendant lequel les insurgés restent maîtres de

Paris, et l'on est tenté de croire à la supériorité des forces insurrectionnelles.

On vient d'interdire la circulation, sur le chemin de fer du Nord, entre Paris et Saint-Denis.

M. Raffier Dufour est nommé sous-préfet d'Abbeville *par intérim*. Au 4 septembre 1870, il était sous-préfet de Valenciennes. Il prend, le 29 avril, possession de son poste.

On avait espéré que le département de la Somme serait évacué le 30 avril, mais cet espoir était chimérique ; on pense que cette évacuation n'a pas eu lieu, parce que le gouvernement n'a pu verser aux Allemands le premier acompte de 500 millions.

A la tribune du parlement allemand, M. de Bismarck vient de déclarer, que le gouvernement français n'a pu payer certaines sommes aux échéances fixées. Mais à la séance de l'Assemblée nationale du 28 avril, le ministre des finances, M. Pouyer-Quertier, affirme qu'il a fait honneur à la première échéance, et qu'il le fera également aux autres.

M. le préfet Dauphin informe les habitants du département qui ont passé, avec des personnes autres que les agents autorisés à cet effet, par les lois, décrets, ordonnances et règlements, des marchés pour les différents services de la guerre, payables en tout ou en partie, sur les fonds de l'Etat ou ceux du département, qu'ils devront faire la remise de ces marchés, entre les mains de MM. les Maires de leurs communes respectives, avec les renseignements relatifs à leur exécution, et que, passé le 17 juin prochain, leurs réclamations seront irrecevables.

On s'occupe un peu des élections municipales. Un comité dresse une liste de candidats, qui ont, pour la plupart, fait partie de l'ancien conseil ; quelques membres de la Commission municipale y sont compris. Peu de listes sont mises en circulation, la lutte n'est pas très vive. Néanmoins le scrutin du 30 avril n'amène l'élection que de 24 candidats sur 27. Les élus sont, dans l'ordre des voix obtenues : MM. Sauvage, Courbet-Poulard, Boizard, Vayson, Bellettre, de Monnecove, Ernest Ricquier, Carpentier-François, Monchaux, Watel, Auguste de Caïeu, Mallet, Hénocque, Emile Delignières, Briet-Lévêque, Cardon Jacques, Frémaux, Clovis Chivot, Coulombel-Hernas, Belin, Dubus, Briez Pierre, Alfred François et Crusel.

A partir du 1er mai, les habitants sont autorisés à faire loger les officiers prussiens à l'hôtel et les soldats à l'auberge; c'est une atténuation très sensible de la charge du logement.

La municipalité invite les habitants à faire connaître les noms des veuves pauvres et chargées d'enfants, dont les maris ont été victimes de la guerre, ainsi que ceux des enfants rendus orphelins.

Le 7 mai, des élections complémentaires ont lieu et MM. Gastaldi, Bertrand et Flandrin sont élus conseillers municipaux.

Le temps passe, et la situation ne se modifie pas beaucoup, aux abords de Paris. Cependant, on apprend que l'armée de Versailles a repris aux insurgés, d'abord le fort d'Issy, puis celui de Vanves.

Les journaux publient le texte du traité de paix, intervenu à la date du 10 mai, entre l'Allemagne et la France ; nous ne rappellerons pas les sacrifices douloureux qu'il nous imposait. Disons seulement qu'il stipulait que les troupes allemandes continueraient à s'abstenir des réquisitions en nature et en argent, que le régime en vigueur pour l'alimentation des troupes allemandes était maintenu, que l'Allemagne continuerait à faire rentrer en France les prisonniers de guerre français, et que ceux qui ne seraient pas libérés du service militaire, devraient se retirer derrière la Loire ; qu'après le paiement du premier demi-milliard, qui devrait avoir lieu dans les trente jours qui suivraient le rétablissement de l'autorité du Gouvernement français, dans la ville de Paris, et après la ratification du traité de paix définitif, les départements de la Somme, de la Seine-Inférieure et de l'Eure, seraient évacués.

Il n'est que trop certain que, sans l'insurrection de Paris, le département de la Somme serait déjà évacué.

Des chevaux appartenant à l'Etat ou au département, ayant été recueillis par des particuliers, pendant les les opérations de l'armée du Nord, ou à la suite d'autres évènements de guerre, le préfet invite les maires, à faire d'urgence le recensement de ceux de ces chevaux, qui se trouvent encore dans leurs communes.

Le 16 mai, l'Assemblée nationale décide que des prières publiques seront demandées, dans toute la France, pour supplier Dieu d'apaiser nos discordes civiles, et de mettre un terme aux maux qui nous affligent.

Dans sa séance du 18 mai, cette Assemblée ratifie le traité de paix du 10 mai.

Le ministre de la guerre donne l'ordre de renvoyer dans leurs foyers, les mobiles de la classe de 1865, dont le temps de service expire en 1871.

Le service des trains, entre Amiens et Paris, est suspendu.

Un arrêté du chef du pouvoir exécutif, en date du 23 mai, nomme, maire d'Abbeville : M. Courbet-Poulard Alexandre, et adjoints : MM. Briez Pierre et Mallet Ferdinand.

Depuis quelques jours les troupes du gouvernement régulier avaient fait des progrès sensibles. Entrées dans Paris le 21 mai par les portes Maillot, Passy et Auteuil, elles ont avancé lentement, mais sûrement, et en gagnant toujours du terrain ; le 22, elles étaient au Champ-de-Mars et aux Champs-Elysées. La lutte était dure ; il fallait enlever de vive force, les barricades, des maisons, voire même des quartiers tout entiers. Ce ne fut que le 28 mai, jour où l'on s'empara des buttes Chaumont et de Belleville, derniers refuges des insurgés, que la Révolution fut définitivement vaincue. Mais, hélas! en même temps que parvenait à Abbeville la nouvelle de la délivrance de Paris, on apprenait le massacre des otages, innocentes victimes de nos discordes civiles, massacres que rien ne saurait excuser, et dont restera éternellement chargée, la mémoire des membres de la Commune.

Le 25 mai à 10 heures du matin, le ministre de l'intérieur avait envoyé aux préfets la dépêche suivante : « Rassurez les populations, l'insurrection est vaincue, « elle ne tient plus que dans quelques derniers retranche- « ments, où elle est cernée. La population indignée acclame « l'armée qui la délivre des oppresseurs et des incen- « diaires. Le Louvre est sauvé, ainsi que la Banque et la « Bibliothèque nationale, menacées par les flammes des « Tuileries. Des pompiers sont accourus des départe- « ments voisins, au premier appel, et donnent leur con- « cours le plus dévoué. »

Les communications sont entièrement rétablies jusqu'à Paris, sur toutes les lignes de chemin de fer. Toutefois un avis porte qu'il ne sera admis à l'enregistrement, comme bagages, aucun colis encombrant.

On ne tarde pas à apprendre, que les insurgés, lorsqu'ils se sont vus vaincus, ont poussé la démence jusqu'à incendier les principaux monuments de Paris. Le gouvernement fait appel au dévouement des pompiers des départements, et le 29 mai, quarante pompiers abbevillois, le capitaine Richard à leur tête, partent pour Paris, avec une partie de leur matériel.

Le même jour, M. le sous-préfet procède à l'hôtel-deville, à l'installation de la nouvelle administration municipale, puis dans une courte allocution, il rend hommage aux mérites des nouveaux administrateurs, et il affirme au conseil municipal, que tous ses efforts tendront à assurer la bonne administration de la ville, et à applanir les difficultés qui pourraient se présenter. De son côté le maire, M. Courbet-Poulard, après avoir rappelé la mémoire de son honorable collègue à la députation, M. Calluaud, constate les services rendus par les membres de la commission municipale, et fait appel aux sentiments de conciliation et au dévouement des membres du conseil municipal; il ajoute que, selon ce que lui a dit le ministre des finances, le département de la Somme sera évacué graduellement dans un délai de trente jours.

Après avoir lutté pendant deux jours contre les incendies allumés dans Paris, les pompiers d'Abbeville viennent de rentrer. La municipalité est allée les attendre à la gare, pour les remercier de leur dévouement.

L'Assemblée nationale vote des remerciements aux pompiers de province, accourus à Paris pour y combattre les incendies. De son côté, l'adjoint faisant fonctions de maire, écrit au capitaine Richard, une lettre dans laquelle nous lisons notamment ceci : L'administration municipale, « en son nom et au nom de la cité tout « entière, vous remercie, Monsieur le Capitaine, vous et « les citoyens courageux, qui vous ont accompagné, du « concours que vous avez prêté à la cause de l'ordre et de « l'humanité, avec un zèle et un dévouement, dont les « pompiers d'Abbeville savent, dans toutes les circons- « tances, donner l'exemple. »

5 juin, — date importante, — les Prussiens quittent enfin Abbeville et se dirigent sur Amiens ; c'est l'évacuation si ardemment désirée. Peut-être aurons-nous encore à supporter quelques passages de troupes composant l'arrière-garde ; mais, en tous cas, nous cessons d'être occupés. Depuis le 6 février, Abbeville et l'arrondissement sont écrasés sous le poids de cette odieuse occupation, que l'on aurait dû nous éviter, et que l'armistice nous faisait espérer moins longue, et surtout moins onéreuse. Un soupir de soulagement et de satisfaction a soulevé toutes les poitrines au départ du dernier Prussien. Espérons que jamais nos enfants n'auront à connaître les douleurs et les humiliations d'une nouvelle invasion !

CHAPITRE IX

Conséquences financières, pour Abbeville, de la guerre et de l'occupation prussienne.

La guerre et l'occupation prussienne furent une lourde charge pour les finances municipales ; elles furent également une cause de dépenses considérables pour les habitants.

Voyons d'abord quelles ont été les sommes dépensées par la ville.

Dès la fin du mois d'août 1870, le Conseil municipal d'Abbeville, justement alarmé par nos premières défaites, et par la marche victorieuse des armées allemandes, votait un crédit de 6,000 francs pour exécuter certains travaux de défense, ci. . . . . 6.000 fr.

Le 5 septembre, il votait un nouveau crédit de 14.000 fr., pour la reconstruction et la réparation des portes de la ville, ainsi que pour l'organisation d'une police armée, ci . . 14.000

A la date du 5 novembre, le Conseil municipal décidait qu'une somme de 70.000 fr. serait employée en distribution de secours aux indigents et à l'organisation d'ateliers de travail, ci 70.000

Le 10 décembre suivant, un autre crédit d'égale somme était voté, avec la même affectation, ci. 70.000

De plus, le 30 décembre, la ville s'était imposée de 30 centimes additionnels, en vue de l'achat de fusils perfectionnés, ce qui avait formé un total de. 20.000

                                           Total. . . . 180.000 fr.

Une notable partie de ces fonds fut employée à réparer les portes de la ville, et les fortifications, ainsi qu'à exécuter des travaux de défense ; ce qui eut très probablement pour résultat, d'empêcher les Prussiens d'attaquer la ville, qu'ils s'imaginaient sans doute plus armée, et mieux défendue qu'elle ne l'était réellement.

L'occupation d'Abbeville par les ennemis dura quatre mois, du 6 février au 5 juin 1871 ; du 6 février au 21 mars, c'est-à-dire pendant quarante-deux jours, les habitants furent obligés de fournir le logement et la nourriture ; à partir du 21 mars, l'intendance prussienne devait nourrir les troupes d'occupation, et les habitants n'avaient plus à fournir, que le coucher, le chauffage, l'éclairage, le foyer, et certains ustensiles de cuisine.

La question des fourrages fut tout à la fois, une source de nombreuses difficultés, et de grosses dépenses ; il était presque impossible de se procurer les fourrages dont on avait besoin, en raison de leur rareté, du peu de sécurité des routes, et de l'arrêt des transactions commerciales. La municipalité dut se résoudre à subir les exigences d'un entrepreneur de fournitures de fourrages, M. Frost, qui lui imposa des conditions très onéreuses, et qui lui vendit le foin, la paille et l'avoine, à raison de 20 fr., 12 fr. et 30 fr. le quintal.

Les réquisitions en argent ont consisté en :

1° Paiement d'une haute paie de 15 fr. par jour aux officiers et employés prussiens de la garnison, du 6 au 26 février	15.210 fr.
2° Impôts directs et indirects payés aux Prussiens pour le mois de février	42.353
3° Somme payée en deux fois pour frais d'administration civile du sous-préfet prussien	10.000
ENSEMBLE. . . .	67.563 fr.

Du 6 février au 21 mars 1871, il a été fourni aux Prussiens, sur réquisitions :

158.717 kil. 810 gr. d'avoine, à 30 fr. les 100 kil.	47.615 fr.	35
77.200 kil. de paille, à 12 fr. les 100 kil. .	9.264	20
67.516 kil. 750 gr. de foin, à 20 fr. les 100 kil.	13.463	35
TOTAL. . . .	70.342 fr.	72

48 voitures à un cheval, ayant, pour la plupart, fait le service du faubourg Mautort à Abbeville, ci.	302 fr.	»»»
Autres voitures, requises notamment par les hommes du 11ᵉ hussards prussien . . .	3.878	»»»
ENSEMBLE. . . .	4.180 fr.	»»»

Les Prussiens se sont emparés arbitrairement et sans réquisition, comme ailleurs ils prenaient des pendules, de :

120 sabres-poignards estimés.	480 fr.	»»»
14 fusils —	980	»»»
2 sabres —	70	»»»
1 revolver —	80	»»»
TOTAL. . . .	1.610 fr.	»»»

Des réquisitions ont porté sur de nombreux objets, de diverse nature, en voici la liste :

Farine, 106 kil. 970, valant.	46 fr.	78
Son, 96 kil. —	68	»»»
Café, 413 kil. 95 —	2.069	75
Cassonnade, 201 kil. —	205	71
Sucre en pains, 520 k. 55 —	573	50
Vinaigre, 52 litres —	72	»»»
Vins en cercles, 981 litres —	685	»»»
Vins en bouteilles, 387 lit. —	547	»»
Liqueurs diverses, 507 lit. —	1.014	»»»
Eaux-de-vie, 414 litres —	787	»»»
Haricots, 1.430 kil. —	715	50
A REPORTER. . . .	6,784	24

Report. . . .	6.784 fr.	24
Sel, 2.603 kil. —	468	50
Riz, 1.166 kil. —	362	»»
Chocolat, 196 kil. —	671	»»
Fromages, 1.291 kil. —	668	»»
Huile à manger, 69 litres —	82	70
Huile à brûler, 260 litres —	260	»»
Huile de pétrole, 1.020 lit. —	306	»»
Harengs-saurs, 680 —	19	50
Morue salée et saumons mar., 34 kil. val.	149	»»
Beurre, 281 kil. 50 —	862	»»
Pois secs, 340 kil. —	160	»»
Vermicelle, 723 kil. —	694	80
Bougies, 290 kil. —	581	80
Chicorée, 250 kil. —	95	»»
Conserves, 88 kil. —	79	50
Lentilles, 101 kil. —	60	70
Sardines, 255 boîtes —	153	»»
Confit. de gros., 40 pots —	44	»»
Charb. de terre, 11.730 k. —	423	»»
Bois de chauffage —	99	»»
Bois de construction —	400	»»
Fers et aciers —	115	»»
Cuirs tannés —	208	»»
Fil de lin, 160 kil —	176	50
Lin en balles, 104 kil. 430 —	240	88
Lin en fil, 128 kil. —	131	»»
Ficelles, 135 kil. —	243	»»
Chanvre brut, 340 kil. —	476	55
Total	15.020	»»

D'un état dressé par M. Dufour, sous-intendant militaire, il résulte que les habitants d'Abbeville et des faubourgs ont dépensé en logement et nourriture des troupes prussiennes, savoir :

2,682 journées d'officiers à 8 fr. l'une...	21.456 fr.
9,086 — de sous-officiers à 4 fr. l'une.	36.344
104,076 — de soldats à 2 fr. 50 l'une. .	260.172
ENSEMBLE. . . .	317.972 fr.

Les Prussiens ont occupé les casernes et y ont causé des détériorations qu'il a fallu réparer, ce qui a occasionné une dépense de 1.172 fr. 90.

De plus ils se sont emparés, par voie de réquisition, de deux chevaux qu'ils ont conservés, et dont la valeur est de 800 fr.

En récapitulant les diverses causes de dépenses qui viennent d'être indiquées, nous trouvons qu'il a été déboursé :

1° Réquisitions et contributions en argent	67.563 fr.	»»
2° Réquisition en avoine et fourrages .	70.342	72
3° — de voitures.	4.180	»»
4° Armes dérobées.	1.610	»»
5° Réquisition d'objets divers.	15.020	»»
6° — de deux chevaux. . . .	800	»»
7° Dégradations aux casernes	1.172	90
8° Logement et nourriture	317.970	»»
ENSEMBLE. . . .	478.658 fr.	62

Si a cette somme, on ajoute les 180.000 fr. votés pendant la guerre, par le Conseil municipal, pour les travaux de défense et pour les ouvriers, ci . . . . .   180.000   »»

ON TROUVE UN CHIFFRE DE. . . .   658.658 fr. 62

Il convient de faire remarquer que les 180,000 francs votés pendant la guerre, n'ont pas été entièrement employés, que les dépenses nécessitées par l'occupation ont été supportées, surtout par les habitants, et qu'en outre le Gouvernement a remboursé une partie des sommes payées à titre de contribution de guerre et de réquisition, mais il n'est que trop vrai que, comme l'a fort bien exposé M. Paillart, secrétaire de la Commission municipale, dans la brochure qui contient les procès-verbaux de cette Commission, l'occupation prussienne a coûté à la caisse municipale près de 200,000 francs. C'était une grosse somme pour Abbeville, mais c'était peu de chose, en comparaison des dépenses supportées par les habitants, et des vexations de toutes sortes qu'ils eurent à subir. Il faut avoir vu de près les vainqueurs et leurs exigences iniques, il faut avoir apprécié l'impuissance de nos concitoyens à se soustraire aux charges imposées par la force brutale, ou par la menace des pires violences, pour se rendre un compte exact de la tristesse et de la désolation, qui, pendant les quatre mois de l'occupation, ont régné dans les murs de notre vieille cité.

Et si, en terminant, il nous est permis de formuler un vœu, souhaitons que nos gouvernants actuels ne perdent pas de vue les douloureux évènements que nous venons de rappeler, et qu'ils sachent employer toute leur énergie et les ressources dont ils disposent, à maintenir une armée assez forte et assez disciplinée, pour épargner à notre chère patrie le retour de semblables désastres !

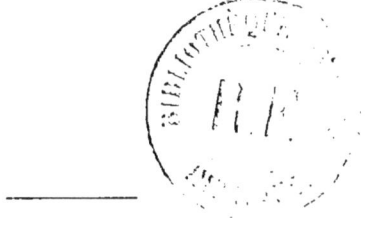

TABLE DES MATIÈRES

	Pages
Avant-Propos	5
Chapitre Premier. — De la déclaration de guerre à la chute de l'Empire *(19 juillet — 4 septembre 1870)*	9
Chapitre II. — De la chute de l'Empire à la reddition de Metz *(4 septembre — 28 octobre 1870)*	25
Chapitre III. — De la reddition de Metz à la prise d'Amiens *(28 octobre — 28 novembre 1870)*	48
Chapitre IV. — De la prise d'Amiens au combat de Longpré-les-Corps-Saints *(28 novembre — 28 décembre 1870)*	59
Chapitre V. — Du combat de Longpré-les-Corps-Saints à l'armistice *(28 décembre 1870 — 28 janvier 1871)*	88
Chapitre VI. — De l'armistice à la signature des préliminaires de paix *(28 janvier — 26 février 1871)*	123
Chapitre VII. — Des préliminaires de paix à la Commune *(26 février — 18 mars 1871)*	166
Chapitre VIII. — De la Commune au départ des Prussiens *(18 mars — 5 juin 1871)*	183
Chapitre IX. — Conséquences financières pour Abbeville de la guerre et de l'occupation prussienne	207

Abbeville. — Imprimerie C. Paillart.

www.ingramcontent.com/pod-product-compliance
Lightning Source LLC
Chambersburg PA
CBHW051900160426
43198CB00012B/1689